做不累的父母

ZUO
BULEI
DE
FUMU

黄译娴 ◎ 著

漓江出版社

·桂林·

图书在版编目（CIP）数据

做不累的父母 / 黄译娴著 . -- 桂林：漓江出版社，2023.1

ISBN 978-7-5407-9363-0

Ⅰ . ①做… Ⅱ . ①黄… Ⅲ . ①家庭教育 Ⅳ . ① G78

中国版本图书馆 CIP 数据核字（2022）第 249286 号

做不累的父母

作　　者　黄译娴

出 版 人　刘迪才
出版统筹　文龙玉
策划编辑　宗珊珊
责任编辑　宗珊珊
营销编辑　俞方远
封面设计　石绍康
责任监印　黄菲菲

出版发行　漓江出版社有限公司
社　　址　广西桂林市南环路 22 号
邮　　编　541002
发行电话　010-65699511　0773-2583322
传　　真　010-85891290　0773-2582200
邮购热线　0773-2582200
电子信箱　ljcbs@163.com
网　　址　www.lijiangbooks.com
微信公众号　lijiangpress

印　　制　大厂回族自治县聚鑫印刷有限责任公司
开　　本　710 mm × 960 mm　1/16
印　　张　15.25
字　　数　210 千字
版　　次　2023 年 1 月第 1 版
印　　次　2023 年 1 月第 1 次印刷
书　　号　ISBN 978-7-5407-9363-0
定　　价　49.80 元

目录

沟通与人际交往

懂孩子，父母更轻松

孩子的学习与成长

给孩子生命的力量

沟通与人际交往

避开亲子沟通的绊脚石

一、父母和孩子没办法沟通怎么办

经常有父母跟我说，和孩子没有办法沟通，可是却找不到原因。其实，很多时候是因为父母用错了方法，或者可以说是用了亲子沟通当中的绊脚石。

哪些是亲子沟通当中的绊脚石呢？心理学家戈登博士认为诸如命令、威胁、贴标签、辱骂等等，一共有12种方式都属于沟通当中的绊脚石。而我则认为总体来说是没有跟孩子同频，这就是亲子沟通当中最大的绊脚石。为什么这样说呢？

有一次，一位妈妈跟我说，她带着18岁的女儿参加聚会，其间，很多人都夸赞妈妈漂亮，却没有夸赞女儿漂亮。回到家后，女儿跟妈妈说："你今天好开心啊！大家都说你漂亮。"女儿说完，一脸失落的样子。妈妈却没有体会到女儿内心的失落，回了女儿一句："是吗？我才不在乎别人说我漂不漂亮。"女儿这时来一句："虚伪。"妈妈这时又回一句："你怎么能这样说我？"女儿接着就砰一声关上房门，再也不想跟妈妈说话了。

从这位妈妈跟女儿的对话中，我们可以看到什么呢？孩子说妈妈很开心，人们都说妈妈漂亮，言外之意：别人只说妈妈漂亮，不说"我"漂亮，"我"很失落，18岁的"我"正是很爱美的年龄，妈妈却没有注意到这个部分；而妈妈的回应只在自己的世界里，没有跟女儿同频，没有理解到女儿这样说时内心是难受的。女儿回的一句"虚伪"，既是抗议妈妈的不真实，也是不满妈妈没有关注到她的感受。

如果妈妈能够抛开不顾及孩子感受的方式，采取合理的沟通方式，如妈妈对女儿说："你听到别人只说妈妈漂亮，没有看到你也很漂亮，你感到很失落是吗？"当妈妈这样说时，女儿就会感觉被理解，被看见，女儿的心就会被妈妈拉近。

如果妈妈这时再说一句："哎呀，这些朋友怎么就没有看到我女儿那么漂亮呢？在妈妈心里，我女儿可是非常非常漂亮的呢！"妈妈这样说，孩子便会因此而对自己更加自信，也能够慢慢懂得欣赏自己，并且外界怎么看待孩子都不至于打垮孩子，亲子的连接也会非常紧密，孩子就不会跟妈妈有隔阂。

父母不能与孩子同频的例子有很多。比如说孩子被老师批评了，孩子回到家里告诉爸爸妈妈，父母通常第一反应是什么呢？有很多的父母就会说："你看看你，犯错了，被老师批评了，你还好意思说！"这种话语，丝毫没有理解孩子此刻很难受，反而让孩子的内心雪上加霜，那以后再遇到类似的事情，孩子自然就不愿意说了，亲子之间的沟通就会变得越来越困难。

有的父母用的方式可能不是在这个时候指责孩子，但是会跟孩子说："好了，批评一下就批评一下嘛，有什么大不了的，不要跟老师计较，想开一点。"这样的话给孩子的感觉就是父母"站着说话不腰疼"。也有的父母会说："老师批评你也是为你好呀！"这样的话语就是表明父母与老师是一伙的，孩子是孤立无援的，孩子内心只会更加不舒服。接下来，父母再想教育孩子，孩子就会很抗拒。

二、父母同理同频孩子很重要

想要教育好孩子，父母的站队很重要，父母能够同理孩子、跟孩子同一频道，那么，父母说什么孩子都会更愿意听；否则的话，父母费多少口舌，如何苦口婆心，孩子都不会愿意听。但是也有些父母会很纳闷地跟我说："难道孩子做错了还要帮着孩子吗？"我这里说的站一队，跟孩子同频，并不是认可孩子的做法，不是帮着孩子犯错，而只是说要跟孩子的情绪、感受同频，先认可他的感受。比如说孩子被老师批评了，我们认可他此时很难受，先回应他："哦，你此刻很难受是吗？"这就是站队，就是同频，接着等他情绪好转之后，再来跟他探讨事情的前因后果，这时再对孩子有一些引导，这样孩子就会乐意接受父母的话语，亲子间的沟通就是顺畅的，也往往能起到事半功倍的教育孩子的作用。

有些时候，孩子很开心，但是父母这时会泼冷水，美其名曰不能让孩子骄傲。比如有时孩子考试考了100分，父母会说："考一次100分有什么好高兴的，有本事每次都给我考100分。"这样的话语会让孩子原本对学习的热情降至冰点。这些话语都是绊脚石，孩子不会再愿意向父母展示好的方面，生命力也就没有办法绽放。

避开绊脚石的做法是，父母这时接纳孩子的高兴，与孩子同频开心，告诉孩子："经过你的努力，你取得了好成绩，你值得为此高兴，爸爸妈妈也为你开心。"父母不必担心这样的话语会让孩子骄傲，其实，这样的话语会让孩子更有力量去做得更好。这就好比单位给做得好的人颁奖状一样，这是有激励作用的。

假设单位领导对做得好的人说，一年做得好有什么好高兴的，不要骄傲，你每年都要做得好才行。这样做得好的人还有动力做得更好吗？而且，于孩子而言，这样的语言鼓励远远比物质的鼓励更有力量，所以，各位爸爸妈妈，很多时候教育孩子不是花费多少金钱、多少物质才行，最简单有效的教育，就在我们与孩子的有效沟通当中。

不能同理孩子开心的状况，还有这样一些例子，比如孩子说："我觉得这个电视节目很好看！我超级喜欢。""我觉得某个明星好帅。"可是父母却一句话堵了回去："有什么好看的？""帅什么帅，难看死了！"这些话语就会让孩子感觉父母不认可、不接纳自己，那自然也就没什么好跟父母聊了。

父母如果在这种时候回应："哦，原来你喜欢这个节目呀！""哦，原来你觉得这个帅呀！""来来来，妈妈也来看看，好在哪里（帅在哪里）？"这样，亲子之间就会多了很多话题，父母也才能进入孩子的世界，更多地了解孩子。

曾经有一位妈妈找我做咨询时，说到自己无论怎么与孩子说话，孩子都不听。我问她具体是怎么沟通的，她给我举了一个例子。孩子总是不记得关厕所的灯，她就说："孩子，你怎么总是不记得关灯呢？"有朋友告诉她，这是一种指责式的沟通，让她要学会表扬孩子。后来，她就在孩子上完厕所不记得关灯时，帮孩子关了灯，之后表扬孩子，说："孩子，你今天好棒，记得关灯了！"孩子听完很纳闷。

这位妈妈的沟通方式不太可取。尤其是把没有的事说成有，并进行表扬的做法。当然，指责式的沟通很多父母无意当中都会用，要避开的话也很简单，只需要换成正面邀请式的语言，告诉孩子："我看见你没有关灯，请你及时去关灯好吗？"这样持续多次之后，孩子一般都是能够记得关灯的。这位妈妈听说赞赏教育对孩子很有用，后面的做法"依葫芦画瓢"，弄得孩子莫名其妙，不知道自己到底关没关灯。唉，莫须有的表扬是没有同频的做法。

有些时候教育孩子没有那么复杂，简单的事情让孩子直接去做就好了，指责与错误的表扬，都是不利于孩子成长的方式。

凡是不利于亲子进一步沟通的话语，都是亲子沟通的绊脚石。这样的绊脚石，既绊倒了孩子，又弄伤了父母自己，还是不要有为好。

孩子会是父母话语中的样子

一、孩子真如你所说那样差吗

七月，傍晚，微风。

今天又是忙碌的一天，享受完片刻的微风后，将要迎来一对亲子个案。

三十出头的她，身材消瘦、一脸焦虑地带着十岁的孩子来到咨询室。她说："老师，我这个孩子简直无可救药了！"细问下，我得知孩子有这样的一些表现："撒谎""偷窃""目中无人""不求上进""无法沟通"……

孩子静静地站在一旁，低着头，双手不停地揉搓着。显然，孩子内心很不安，一副做错了事、认可妈妈所说的样子。

接下来的交谈中，这位母亲还是一味地指责孩子的不良行为，说孩子没有一个方面是好的。

这位母亲说，就在前几天，孩子"偷"了家里的钱去买手机，还怎么都不承认，昨天她还被孩子的老师叫去学校了。孩子在旁边嘟囔："明明是今天被老师叫去，干吗要说昨天？"妈妈不耐烦地回应道："去去去，别打岔……"

听到这里，可以猜想到，孩子问题的根源也许就跟妈妈有关。妈妈已经有一个很明显的问题暴露出来：习惯"撒些小谎"——或是犯一些无心之错，而这些状况，小孩子最容易去模仿。

感受着眼前这位妈妈的焦虑，尽管从她的描述及孩子的反馈，可以很明显地感觉到，这位妈妈有做得不太妥当的、需要改变的地方——妈妈对孩子全是负面"标签"和指责的话语。可是，要让妈妈明白到自己有需要改变的地方是很难的事情。很多来找我咨询的父母，往往是一味地让我改变孩子，却很少能意识到自己才需要改变。事实上，要让孩子有一个持续良好的改变，父母往往要做出改变才行。

我时常会这样问家长："假设一个农夫种庄稼，庄稼没有长好，这是庄稼的问题，还是农夫的问题呢？"

有些家长一听到我这样问，会立刻意识到自己需要改变。因为孩子就像是我们所种的庄稼，它能否长得好，取决于我们这个"农夫"是如何来播种它，如何来培育它的。

当然，也有些例外的情况，有时，农夫确实尽心尽力了，可是，庄稼还是没有长好，这时，就有可能是遭遇外界天灾之类的因素了。但教育孩子，很少会遇到"天灾"之类的问题，就算有，一般父母通过努力也是可以协助孩子顺利克服的。

二、我们真的是合格的父母吗

很多时候，我们很容易发现孩子的问题，可是，却往往没有意识到自己的问题。事实上，最直观看我们自己有没有成为合格的父母，有一个很简单的标准，就是孩子是否处在一个良性循环的状态，如果不是，说明我们做父母的一定存在不恰当的做法。

一位妈妈，工作比较忙，在她下班回到家后，还要忙着做饭。有一次，她的儿子在她做饭时过来问作业，她当时一声怒吼："你也不看看什么时候来问问题？没看到我正忙着吗？你是猪脑子呀，不会自己想想怎么做呀？"

儿子被她这样一顿怒吼，从此再也不问她问题了。再接下来，这位妈妈就发现孩子不爱写作业，不爱学习了。

在我接触的个案当中，因为父母在学习上责骂后就变得不爱学习的孩子有很多。

三、父母的言语能塑造孩子

在进行了几次的咨询后，这位妈妈终于意识到，孩子的问题，其实是父母造成的，孩子只是父母问题的镜映，或者说是被父母的言行给塑造出来的。

这位妈妈本身就存在着小孩的这些问题，比如撒谎。这位妈妈原本觉得自己撒些小谎，或者说些善意的谎言没有什么不可以，可是，却不知道这样就直接教会了孩子撒谎。

而孩子的偷窃，来自家长没有给予孩子该有的一定的娱乐：这个孩子是独生子女，做父母的常常忙于工作，没有时间陪伴孩子，经常只留孩子一人在家，孩子很孤单，因此依赖电子产品，而这位妈妈坚决不给孩子玩电子产品，孩子就只好自己想办法，偷偷地拿出家里的钱去买个手机来玩，为了不被严厉的妈妈惩罚，孩子只好撒谎。因此，偷窃、撒谎……这些"罪名"也就出来了。

至于孩子的"目中无人""不求上进"也都是受父母的影响：孩子曾经目睹父母与老师吵架，那之后孩子就不再尊重老师，但父母只觉得孩子这样做不对，没有反思自己当时与老师冲撞的事情。父母与孩子的"无法沟通"其实是父母没有真正走进孩子的内心，没有真正地给到孩子所需要的关爱，更不懂得与孩子沟通的技巧……父母又经常用那些负面词语来说孩子，所以孩子也就认了——"你们说我是这样，我就这样了。"

通过对这位妈妈进行心理辅导，当这位妈妈意识到自己的问题后，在言行方面都积极做出了调整。她自己改变后，孩子也就迅速改变，而她跟孩子的关系也逐渐变好了。

咨询结束时，这位妈妈说，以前觉得这个孩子是来讨债的，像魔鬼，现在终于觉得孩子是上天派来的天使，是自己生命幸福的源泉。

各位爸爸妈妈，如果不希望自己的孩子成为"魔鬼"，就不要总是用一些负面的"魔鬼的言语"去对待孩子。当你用对待天使的言行去对待孩子时，孩子才会变成天使。

孩子间有矛盾，打架了怎么办

曾经有一则"3岁儿子被同学用脚踢头，妈妈抓着孩子的手打回去"的新闻在网络上引起了热烈讨论。这条消息在网上传开后，引发了很多家长的关注。

有的妈妈对"打回去"的教育方法极不赞同，认为应该先了解清楚发生冲突的原因，向老师反映孩子遇到的状况，让老师解决。如果老师没解决好，她会和对方孩子家长面谈，但这个过程不会让孩子知道。有的妈妈说先让孩子自己解决，看看他的能力。有的妈妈则说要看事情的轻重，一般都会叫自己的孩子谦让一点，小伙伴们在一起玩，不要那么斤斤计较。也有人称自己会教孩子主动还手……

是该打回去，避免养成懦弱的性格，还是该谦让，养成礼貌懂事的习惯？究竟哪种做法利于孩子的成长？

我们看一下，打回去后，孩子好像是显得不懦弱了，但是，孩子可能会走到暴力的一端；而谦让呢？这个当然也要有个度。

在幼儿期，孩子的语言发展和心智都还不完善，当他不知道如何表达时，便很容易选择打人的方式。所以，幼儿期出现肢体冲突是很正常的现象，而这也并非坏事，孩子也正好借由这个机会，学习如何处理矛盾，学会观察和思考，进一步学习与他人交往，逐步掌握人际交往的本领。

作为父母应给予孩子处理矛盾（打人事件）的机会，当幼儿处理得当时，应给予肯定、鼓励；当孩子处理不当时，应抓住机会，帮助孩子分辨是非。久而久之，孩子就学会了如何与别人相处，学会了怎样协调与别人的关系。

这种技能的掌握，对孩子而言将终身受益。

当然上面的例子中，孩子才 3 岁，要孩子自己去处理可能有一点难度，但是父母其实正好可以趁此机会与孩子探讨，启发孩子这样的事情可以怎么应对。比如说孩子方面：可以告诉老师，老师会保护孩子和做出比较公正的处理；学会保护自己，下次看到对方有这样的举动时可以把对方推开或者自己跑开。当然，也可以跟孩子探讨对方为什么打自己，是因为对方的错——对方就是一个熊孩子，还是说自己也有错。如果自己也有错，那以后就应该改正；如果是对方的错，当然作为家长也可以去找对方的父母谈一下，让对方的父母也对孩子实施教育。

对于更大一些的孩子，比如已经上小学了，当孩子与人产生矛盾时，父母更多的是可以持冷静观察的态度，给孩子一个独立解决问题的机会；当出现处理困难时，家长也不一定要马上出面，可以提几点建议供孩子选择，让孩子懂得自己的问题还是要自己解决。这样，不仅增强了孩子的自理能力，还培养了他的自信心。

我大儿子在小学的时候也跟一个同学打过架。那次打架，两人从教室门口打到学校操场，后来被同学拉开了，两人还口口声声说第二天要重新打一次。我去接儿子时，别的同学告诉我这件事情。看到打架后很沮丧的儿子，我当时抱了抱他，并没有生气，而是拉着他去找那个打架的同学，只是平静地请他们说说打架的原因。他们告诉我，因为都是班干部，认为对方有些地方没有做好，一人说该这样，一人说该那样，最后就打起来了。

我当时肯定他们都想为班里做好事情，然后再问他们："打完后，班里的事情有没有做得更好？"他们说："没有。"我再问他们："接下来该怎么办呢？"他们回答："以后应该直接去把事情做好，而不是把时间用在打架上。"我追问："那你们说明天还要接着打，还要不要打了？"他们回答："不打了。"最后，我跟他们说："你们都是班干部，说明老师和同学们都觉得你们是很优秀的人，而我也一直认为你们是很优秀的人。你们本来就是好朋友，我相信你们以后能处理好你们两人以及班里的事情，就算处理不了，我相信你们也知道去找老师。好吗？"两人点点头，从此再没有打过架。

遇到小孩子打架，既不能纵容，也不能不问清原委直接让孩子道歉，要让孩子养成辨别是非曲直的能力，认清问题和解决问题。同时更不能挑拨孩子继续去打架，要让他们认识到打架的错误。父母也不要当着自己孩子的面，训斥别人的孩子，哪怕是别人的孩子的过错。可以和对方孩子讲道理，让他明白不能打架，让他认识到自己的错误即可。

我还遇到过这样一个个案，因为在很小的时候跟同学打架，后面家长给对方赔了钱，然后这位家长就要求孩子不管在什么情况下都不能还手，最糟糕的是，后面发展到孩子被人打了也不敢跟妈妈说，孩子慢慢地还变得说话结巴，连正常的表达也困难了。所以，我们还要教会孩子，如果和别人发生冲突的话要怎么样才能更好地保护自己，怎么样才能更好地去向他人寻求帮助；任何时候，都要允许孩子表达，父母要做好倾听，不能不分青红皂白要求只能怎样做。

遇到孩子打架，父母不能心浮气躁，而应该冷静处理。不能不分青红皂白把怒火都发泄在对方孩子身上，也不要将怒火发到自己孩子的身上，骂自己的孩子不该惹了祸，有些父母很爱说孩子"肯定是你先惹了别人"。当父母用这类话语去指责孩子时，孩子只会闭上嘴巴，以后什么都不会跟父母说了。

曾经有一个初中生的个案就是这样，女孩在学校被欺负后，告知妈妈，可是妈妈竟然用这种指责性的话语将她顶了回去，说她也肯定有错，是她先惹了别人，不然别人不会无缘无故地欺负她。后来这个孩子再遇到那个人接二连三地欺负她时，她说自己都有想要杀了对方的想法，除此之外，她不知道该怎么解决。而且此后她跟妈妈根本就不沟通。咨询之后，孩子慢慢才有了转变，但这样的教训是深刻的，希望父母们不要再犯类似的错误。

我们来总结一下，面对孩子与人产生矛盾具体该怎么做。

首先，父母要认真倾听，听事情的原委，听孩子的感受；听完之后，要引导孩子分辨是非：如果是误会，或者对方是无心之过，就可以引导孩子学会宽容，如果是自己有错就要学会改正。如果对方确实有严重错误，可以据理力争保护自己。

倾听与分析之后让孩子自己解决与同学的矛盾，告诉孩子解决不了时可以寻求父母和老师的帮助。

说了这么多，我们再来找找孩子打人的原因，其实主要有这样一些：一、逞能与发泄心中的不满和委屈情绪；二、通过争执和打架引起大人注意；三、模仿影视剧中的打人情节；四、受到家庭环境影响。

如果孩子被人打了，父母教孩子以暴制暴打回去，就会进入恶性循环。引导孩子分析原因，找出对策，避免以后再发生类似的事件，这是我认为比较好的应对方法。

如果自己的孩子打人了，我们可以先问问自己：孩子会无缘无故地去打架吗？其实不会的，没有哪个孩子天生就那么"坏"。打架的背后，大多有着孩子"不知道该怎么办"的无奈。明白孩子的无奈，弄清孩子这样做的原因，然后引导启发孩子去有效地解决，这样，孩子打人的情形自然就会减少。

骂孩子竟然同样是错误的

一天，一位朋友给我打电话，说她的孩子把平板电脑摔坏了，她火冒三丈，但忍住了没有打孩子，只是骂了孩子一顿，可是孩子还是哭得很厉害。问我该怎么办。

我告诉她，去抱抱孩子，问问孩子是不是她也不想平板电脑摔坏，她自己是不是也很难过。然后，再跟孩子道个歉，说自己不该那么大声地骂她。

后来，这位妈妈再打电话过来，说孩子果然不哭了，还跟她认错，并且说以后一定会把东西拿稳。这位妈妈说，她原本以为不打孩子已经是一位好妈妈了，现在才知道骂孩子竟然同样是错误的做法。接着，这位妈妈很纳闷地问："黄老师，为什么您教的简单的几句话就这么管用？"

我告诉她，因为我听懂了孩子哭泣背后的情绪，并且理解孩子。我们来试想一下，有哪个孩子弄坏她自己喜欢的东西会很开心？孩子这时是故意使坏吗？当然不是。孩子本来已经很伤心了，再骂她无异于雪上加霜，越骂她，她越难过，当然就会哭得更加厉害了。

我们每一个人都希望别人能够理解自己，孩子当然也是这样的。在孩子不小心弄坏东西时，我们理解她的难过，并且帮助她表达出来，那么她内心自然会好受一些；加上又抱了抱她，这样的拥抱会给到孩子温暖感、安全感；接着还给孩子道歉，这样做一方面是疗愈被骂的难受，一方面也是在示范没有做好时，我们可以承认错误并且调整过来。当孩子被温暖到、被理解到了，难受自然而然会减轻，这时就会想要有好的行为，再加上看到妈妈还向自己道歉，她当然也会想要认错并且愿意以后做得更好。

所以，真正让孩子愿意发自内心去更正自己，去拥有更好的情绪和行为，有效的做法是：父母在孩子伤心的时候，能够听懂孩子的难受并对此给予理解，由此，也就会轻松地架起父母与孩子之间沟通的桥梁，家庭教育也会变得更轻松与简单。

现代的父母，大多知道不能用打孩子的方式去对待孩子，但有的家庭依然会用打的方式。有的人依然会奉行"棍棒底下出孝子"，还会口口声声地说"当年我也是被我爸打大的，但我现在一点都不恨他，甚至会感激他"。也有的人会说，孩子做错了事，不打他，他不知道错。其实不然。

时代发展到今天，人们在物质方面已经得到了极大满足，因而现在的孩子，比我们更加渴望精神上的关爱与满足、理解与被理解。以前打孩子，孩子顶多觉得自己是受了一点皮肉之苦，而以前受皮肉之苦的状况多了去了（比如忍饥挨饿、挨冷受冻），所以以前的孩子会比较不在乎被打；而现在打孩子，孩子更多感受到的是自我尊严的丢失（现在的孩子在物质极大满足之下，更多的是渴望精神上的关爱、满足与追求）。以前说"不打不成器"，现在的孩子是"越打越不成器"。

有很多第一次参加我们的沙龙的父母会说，孩子是靠打才会听话的。但随着父母的学习与成长，会发现自己以前做错了，每打孩子一次，都会增加孩子的难受，会增加孩子的负能量，会令孩子没有办法去做得更好。参加我的沙龙之后的父母，改用学会倾听及鼓励孩子的方式来教育孩子，孩子各方面都能做得更好。

有一个真实的案例，一个经常被打而成绩在班里是倒数第二的孩子，父母停止打孩子并且换成理解、支持与鼓励孩子之后，仅一个学期，孩子成绩进步就很大，一跃成为班里的前十名。

一开始说的那位朋友，她知道打孩子不好，于是忍住没有打，心想，这样对孩子已经算是仁至义尽了，孩子该感恩戴德了，可是，孩子却还是哭得没完没了，让她不知所措。其实，打孩子是带给孩子身体上的痛，骂孩子是带给孩子内心里的痛。

有人会说，既不能打又不能骂，那孩子做错了该怎么进行教育呢？我们就以弄坏平板电脑为例，来说说还可以怎么教育孩子吧！当我们发现平板电脑被孩子弄坏之后，可以跟孩子说："我看到这个平板电脑坏了。你可以说说怎么回事吗？"父母这个时候需要情绪稳定，这样孩子才不会出现各种抵触。往往父母这样不带指责地与孩子沟通时，孩子都会愿意坦承自己的错误。这时，我们也可以让孩子承担自然后果，暂时就没有平板电脑玩了，孩子自然也就会明白以后该爱惜物品。

教育孩子，不是打得多、骂得多、说教得多就会起作用，反而是不打不骂、精准到位的寥寥数语更能起作用。

怎么让孩子轻松拥有良好的表达力

"妈妈，为什么同样的故事书，你读起来那么好听，爸爸读起来却不好听呢？"在一次我给当时才 4 岁的大儿子读完睡前故事后，他仰起脸，扑闪着可爱的大眼睛问我。我看着他，思考了一下，然后告诉他："可能是妈妈带有感情来读的缘故。"然后我又告诉他，如果一个人说话要有感染力，要让别人觉得好听，那就要带有感情地说。大儿子似懂非懂地点了点头。

我那时也跟大部分的父母亲一样，喜欢让大儿子读一些古诗，然后让他有感情地背给我们听。有时也让他随着诗里的情节或带哭腔或是充满笑意地读出来。之后，大儿子开始变得越来越爱表达了，但有时大儿子也会胆怯，我就会适当地去锻炼他的胆量，我采取了下面的做法：

一、在我们外出吃饭时，让孩子去买单。孩子一开始也会害怕，我会告诉他："不用怕，妈妈全程都会看着你，目光一直是跟着你的。"几次之后，孩子就不再害怕了，孩子会很自信地说，我知道怎么买单了。孩子买单的话语如下："阿姨好，我是 × 号桌的，我现在买单。"这样一个"买单"的过程，既锻炼了他的胆量，也锻炼了他的表达能力。

二、带他去广场玩时，会遇到很多陌生的小朋友，有时他会想跟其他小朋友一起玩，我会鼓励他：那你问一下对方，"我想跟你一起玩，可以吗？"

每次他去问完，对方一般都会点头答应，回答"可以"，但也有的小朋友会不理他。当对方不理他时，他会有些沮丧地看向我，这时我会告诉他："这个小朋友不理你，不是说明你不受欢迎，而是他还不懂怎么跟你玩。"（事实上，我发现很多的父母都没有在孩子还小的时候，引导孩子怎么跟别人玩，没有鼓励孩子进行社会交往）这时，孩子就会释怀地自己一个人玩，又或者再去找其他小朋友玩。

三、在一些亲戚朋友面前会当众说他古诗背得好，爱看书，爱讲笑话。大儿子听完我这样说，有时就会即兴来一段，这时亲戚朋友也会立即鼓励他。

经过这样简单的一些"训练"，到大儿子上小学后，他在学校也有很好的表达能力。他先是参加了学校的广播员竞选，后来还被评为学校的优秀广播员。有一次，学校组织向家长普及一些人文知识，由每个班派一名学生进行讲解，大儿子当时也被评为优秀讲解员。初中和高中时，他先后多次担任学校大型活动的主持人，获得过优秀学生干部的称号。

我从未送大儿子去参加类似"主持人""演讲与口才"的训练班，但大儿子能够将主持与演讲做好，我觉得我只是做好了这样几件事情，首先是告诉他带有感情，吐字清晰，这样对方听着才舒服；其次是让他多读书，多积累知识，这样才有东西跟别人讲；再次是鼓励他带着自信说话。

有时，一些父母也会跟我说："我家的孩子就是很内向，要他说，他就是不会说。"确实，有些孩子是比较内向的，那面对内向的孩子，我们如何引导孩子更好地表达呢？

一、营造良好的表达环境，比如说制造家庭的畅聊时刻。这个时段允许家庭里的每一个人随意地表达自己的观点看法，特别是鼓励孩子说，当孩子说完后要指出孩子哪些地方说得好。

聊的话题可以大到国家时事新闻，小到家庭里的生活安排，或是谈论小猫小狗皆可，依据孩子的年龄和接受能力来确定话题。切记，这个时刻只肯定孩子说得好的部分，不要强调孩子哪里说得不够好。

心理学家研究发现，强化好的地方，孩子会越做越好；忽视或是漠视一些无关紧要的不够好的地方，慢慢地孩子不好的地方会消失。就好比说，有人因为一次紧张，说话结巴了一下，然后很多人就取笑他，说他说话结巴，长此以往，那他可能最后就真的成了一个说话结巴的人，我见过这样的真实例子。

而如果一个人因为一次说话顺利，然后大家就称赞他讲得真好，经常这样说他，那他以后就可能会越说越好。所以，对于内向的孩子，更是要称赞他说得好的部分。

二、多用开放式提问，少一些直接给答案。在孩子小的时候，往往都是爱问问题的。当孩子问的时候，父母不要直接给出答案，而是可以用开放式问句，引导孩子去思考问题的答案，并且组织语言表达出来。

比如孩子问："妈妈，这是什么？"妈妈可以这样回应："宝宝觉得这像是什么呢？"然后带着鼓励的眼神，让孩子说出来，如果孩子说错了也没有关系，因为孩子还小，单纯的心灵有时还会有独特的眼光，所以妈妈这时可以这样回应："原来宝宝觉得是这样呀！"然后再引导到正确的认知上："妈妈认为是××，××是这样黄黄的颜色，宝宝再细看一下是不是？"

切记，不要在这种时候打压孩子。我见过很多父母很爱这样对孩子说："你怎么这么笨？连这个都不知道！"父母这样一说，孩子有问题不敢问，有话语也不敢表达，就会变得更加内向了。

三、允许孩子有表达的权利。有很多父母会训斥孩子："不许顶嘴！"孩子有话不能说，慢慢养成了习惯就更不爱说了。又或是说孩子："你怎么能这样说？"这样就会让孩子感觉父母是不让自己去表达的，那以后就不再说了。

如何让孩子守规则

有很多父母头痛孩子不守规则。确实，在很多情形下，都会遇到孩子不肯守规则的状况。下面，我们来看几个现实案例。

不肯乖乖听话的小芳

小芳是正在上幼儿园中班的孩子，她每天从幼儿园回家都会看电视，等到奶奶把饭做好了，温柔地叫："乖宝宝吃饭啦，把电视关了吧！"小芳说："我再看一会儿就来。"

奶奶等了 10 分钟小芳还没过来吃饭，又温柔地叫："乖宝宝，快点来吃饭，吃了饭再看电视，不听话，我要罚你了！"可是奶奶的语气却是在传达怎么也不舍得罚的样子。

小芳还是说："不要、不要，还没看到结尾……"这时，奶奶怕饭菜凉了，捧着饭碗一边喂认真看电视的小芳，一边抱怨说："这孩子不听话，这孩子真不像样……"

但如果是妈妈在家，只要一到了吃饭的时间，妈妈说："小芳，把电视关了，过来吃饭！"小芳会立即关掉电视，坐到饭桌前乖乖地自己吃饭。

有没有谁的孩子也像上面说的小芳一样呢？为什么小芳对着奶奶和妈妈有两种截然不同的行动？那是因为小芳听到奶奶的话时，她觉得完全不用去听，因为奶奶会顺着她，即使不听也不用承担后果，甚至可以达到她一边看电视一边吃饭的目的。

可是，当小芳面对妈妈的时候，知道妈妈定的规则是一定要遵守的，如果不遵守，将要为此承担一定的后果。所以，只要是妈妈在家，小芳都会特别乖、特别听话，甚至别的小孩到小芳家做客，小芳还会教育其他小孩不能一边吃饭一边看电视。

这个案例告诉我们：事实上，每一个孩子都可以是听话、守规则的孩子，关键是家长怎么说、怎么做。

爱打人的健健、昕昕

最近，我接了两个咨询，都是关于孩子爱打人的，但两个案例却不一样，下面来分享一下。

健健的妈妈苦恼地跟我说："我家健健在跟小伙伴玩的时候，一不如他意，不按他要求，就去打别的小朋友，经常被投诉，小朋友都不愿意跟他玩了。"我问："你是怎么跟健健沟通这件事的？"健健妈妈说："哪里还用沟通，我每次都是直接打他一顿，然后问他：'你知道不知道妈妈为什么要打你？'他说：'知道啊，因为我打了其他小朋友。'但是，下次他还是继续打人，唉，我都快被他气死了！"

我们来分析一下：当健健没有按妈妈的要求或意愿去行动的时候，妈妈采用的是什么方式呢？是不是用打的方式去面对孩子、去解决教育的问题？这就等于告诉了孩子：当别人没有如你所愿的时候，你就打他，打可以解决一切的问题。所以，如果妈妈持续这样去教育孩子，孩子也只会继续用打人的方式来解决问题，甚至会越来越严重。

另一个咨询个案中的昕昕也爱打人，但是她的情况有所不同，昕昕的爸爸说："我家昕昕喜欢打人，但是她只打家里人。告诉她这样没礼貌，打人不对，她答应得好好的，但做不到。老师，我该怎么办？"

我跟昕昕聊天，了解她的想法，昕昕是这样说的："我没有打人呀，我只是在跟他们玩游戏，玩电视里打架的游戏。"那么，这种情况下，我们怎么处理呢？昕昕喜欢玩"打架"游戏，父母可以陪着她玩，但必须先约定好什么情况下可以玩、跟谁可以玩、玩的时候只能用什么样的力度、只能打哪些部位。但如果父母不想孩子玩这样的游戏怎么办？也可以在跟孩子玩这样的游戏时，用孩子感到轻微疼痛的力量去陪孩子玩，多玩几次，孩子就会体会到打人游戏会让身体痛，并不好玩，慢慢地就放弃这个游戏了。

这两个打人的案例给了我们什么样的启发呢？做父母的都要有一双慧眼，去分析孩子不守规则背后的原因。如果是在效仿大人的应对方式和行为，就请立即停止对孩子这样的做法；如果只是在玩游戏，我们就约定游戏的规则。

当然，还有一种情况，就是孩子在和同伴玩的过程中会发生肢体碰撞，这是孩子无意识的行为。但有些家长会认为你家孩子怎么打人呢？这个时候，我们要正确分辨，在适当的时机协助孩子去解决，比如跟小朋友以及家长去道歉并解释这并非打人。

乱涂乱画的小萌

上小班的小萌，很喜欢画画，在家里不但喜欢在白纸上画，也热衷在墙上、沙发上作画。有一天，小萌在哥哥房间的墙上完成了一幅大作，她兴奋地拉着哥哥的手说："哥哥，你看我把你的墙打扮得很漂亮吧？"哥哥一看，墙上画得乱七八糟，连心爱的明星海报也惨遭毒手，就把小萌推出房门，生气地说："你把我的墙画得这么脏乱，以后再也不准进入我的房间！"小萌委屈地哭了，她觉得自己是天才画家，只是自由画画，没有人告诉她不可以这样，她画好看的画给她喜欢的哥哥，为什么哥哥这样对待她？

我们来分析一下，实际上，小萌不知道家里的墙是不能涂画的，不知道要遵守的规则。同样的情况出现在另一个家庭，这个妈妈很有智慧，她与孩子约定，把家里厨房的玻璃门定为画画天地，孩子可以尽情地在上面画画，她每天都与孩子一起画，孩子不再乱涂乱画时，还会奖励孩子喜欢的画笔。这样，孩子就会体会到原来我遵守了规则，可以很开心地做自己想做的事情，还会得到爸爸妈妈的表扬和奖励。那么，孩子就会更愿意、更自觉地遵守规则。

分享完以上的案例之后，大家有没有发现，孩子不遵守规则其实都是有原因的。原因可能如下：规则没约束力，父母没有做好榜样，孩子不理解规则，规则没提前约定。

当然，也可能有其他的一些原因，比如说规则对于孩子来说太难了：父母对孩子有过高的期待，总是给孩子制定过高的标准和要求；比如说父母定的规则不公平：父母可以这样，却不允许孩子也这样；比如说定的规则太多：这个不许那个不许，这个要遵守那个要遵守，左一条右一条；比如说不重视孩子正常的需要和想法：定规则时完全不考虑孩子的身心特点，也完全不顾及孩子的感受，不尊重孩子的想法，没有商量的余地；比如说长辈没有统一立场：一个说行，一个说不行，等等。这些原因都会令孩子没有办法很好地遵守规则。

那么，我们应该怎么样来制定规则呢？其实，规则的制定是有很多法宝的，当我们善于运用这些法宝的时候，你就会发现，教育孩子其实也不是那么难。

首先，我们来说说规则制定的时机。当父母和孩子双方都有不良的情绪时，不适于制定规则。因为这个时候会导致冲突和对抗，甚至会破坏亲子关系。这个时候，我们应该先处理情绪，包括自己的、孩子的。也就是先把情绪处理好，再来制定规则。双方都处在愉悦的情绪状态时，是制定规则的好时机。

其次，规则制定用什么方式更好呢？我们应该采用共同协商的方式，当我们与孩子同一阵营，共同参与制定出来的规则和奖罚规定，孩子会更容易遵守，违反规则时也更情愿接受惩罚。如果太小的孩子不会表达怎么办？家长就要用孩子能懂的方式去跟孩子沟通，同样可以做到共同协商。

再次，规则的目标要简单明晰。越小的孩子越是这样，例如跟孩子说：你要听话、要乖，作业好好做、吃饭的时候好好吃、不能吃太多甜食……这些都是不具体的规则，孩子听了会纳闷，不知道要干什么。所以，规则应该从简单清晰的指令开始，例如："吃饭的时候我们坐在饭桌前吃""吃饭的时候我们把玩具放下"。还有，制定目标的时候，一次只说一个，如果你跟孩子说："今天带你出去玩，你不要乱跑，要跟着我，不要跟小朋友闹矛盾，不要乱拿别人的东西，不要乱摸东西，不要跟陌生人走，不要发脾气"……大家觉得孩子能不能记住到底是要怎么样呢？

当然，规则制定的方法还有很多，这里再重点讲一点"要跟孩子有一个良好的情感连接"：除不带情绪，还有平时对孩子情绪情感的包容与良好关系的建立，对孩子的性格、人格无条件地接纳。这个对于孩子人生的成长很重要，与孩子长大后的人生观、性格养成、能不能感受到爱、有没有去爱的能力是直接相关的。

当我们的孩子感受到爱，当我们与孩子有良好的情感连接时，孩子自然更愿意也更有力量去守规则，并且长大以后也会更自信、更有处理问题的能力、会有更健全的人格。

最后，再请大家记住两点：

一、不要过分焦虑地关注孩子的不守规则。孩子的成长是一个漫长、反复的过程，当孩子偶尔出现不守规则的行为时，我们不用过分焦虑，要告诉自己这是正常的现象。如果我们马上厉声指责孩子，甚至打骂孩子，带着恼怒情绪去说教，这时，孩子会受到我们情绪的伤害，而且，孩子潜意识里会认为已经为此付出代价了，不需再遵守规则。所以，智慧的父母应该是不带情绪地告诫孩子，把规则向孩子重述，温柔而坚定地坚持，这样，才能帮助孩子再次回到遵守规则上来。

二、要明白制定规则是协助孩子而不是控制孩子。成长的过程孩子自己才是主导者，我们只是协助孩子，规则是用来帮助孩子更好地成长的，而不是用来达到控制孩子的目的。所以，定规则的时候也需要思考这个规则的出发点到底是有利于孩子的成长，还是仅仅为了大人的方便省事。

听与说

我曾经听过这样一个笑话：

A 先生对 B 先生说："请问你有《时间简史》吗？"

B 先生听了后，瞪了 A 先生一眼，没有回答。

A 先生还是不死心，继续问："你有《时间简史》吗？"

B 先生这时大怒说："你有神经病呀，有时间我也不去捡屎！"

这个笑话让我想到了日常生活中，有许多父母与孩子就是如此这般地沟通：说话时，父母没有很清晰、准确地表达出来；听话时，父母没有真正听懂孩子的话语。

西方有句名言：上帝给每个人两只耳朵，而只有一张嘴巴，就是要求人们多听少说。可见对于人们来说，听有多么重要。而有很多时候，其实父母是没有重视听，也没有听懂孩子的内在需要。但父母反而会强调孩子要听话，会跟孩子说："你长耳朵是干吗的，没有听到我在说吗？"

当然，我觉得听很重要，也不是就觉得说不重要。正如吉卜林所说："言语是人类所使用的最有效果的药方。"

听与说，其实都是一门艺术，也是一门技术。说它是艺术，是因为潜心沉入，我们会发现听与说都是一种享受，都是一种滋养；说它是技术，是因为这里面有一些规律可循，有一些方式方法可以去掌握和运用。

倾听，有时就是最好的接纳、理解与陪伴；细语，会如同春风拂面，滋润心田。而太多的父母不太懂得听与说，于是，造成了亲子之间很多沟通障碍。

真真的妈妈是一名主管销售的经理，每天要应付非常多的事情。一天下班回到家里，真真正在玩足球。看到妈妈回来，真真很高兴，跑到妈妈的身边说："妈妈，你陪我一起玩足球吧！"真真妈妈有些累，没好气地说："去去去，自己玩去。"

真真很无趣地自己一个人玩，突然，真真的足球碰倒花瓶了，妈妈听到花瓶碎裂的声音，火气马上上来了，冲到孩子身边，忍不住扇了孩子两巴掌。可怜的真真，只好缩在房间的角落里偷偷地哭泣。

类似的事情，经常在一些家庭里上演。很多父母内心有这样一个声音："我那么忙，那么累，你为什么还要来烦我？"可是，为人父母者，是否知道，孩子的内心也有一个声音："我一天都没有见到您了，您好不容易回来了，能否陪陪我？"

如果回放到真真妈妈刚下班的时候，真真说："妈妈，你陪我一起玩足球吧！"真真妈妈听了后，明白孩子一天没有见到妈妈了，很希望妈妈陪伴自己玩，于是很开心地答应孩子。这样，可能后面的事情不至于发生。

就算后面打烂花瓶的事情发生了，真真妈妈怀着理解孩子的心态去跟孩子说，以后踢球要避开易碎物品，或者最好到楼下去踢。那么，这样的听与说就是有效的，就是可以滋养孩子的。又或者，就算真真妈妈真的太累，真的不能陪孩子玩，那就坦诚地跟孩子说："妈妈这会儿真的太累了，让妈妈先休息一会儿，等妈妈休息好了，再过来陪你玩，好吗？"这样，多数的孩子也是能理解妈妈的，孩子内心的感受和行为就会是不一样的。

现实生活中，还会看到一些父母指着孩子的鼻子说："我骂你，都是为了你好！"如果父母亲一直都是用骂的方式去对待孩子，孩子长大后，就算不恨父母，也必定会延续父母对他的方式，也以骂的方式去对待父母，到那个时候，可能他也会指着父母的鼻子说："我这样大声地说，都是因为我急切地想着为你好啊！你知不知道啊？"

旁人一看都知道，这是对父母不好。可是根源在哪里呢？就是在孩子小的时候，父母经常用错误的方式与孩子说话。所以，与孩子沟通的时候，好好听与好好说是何等重要！

据说古时候，曾经有个小国给一个大国的国王进贡了三个一模一样的金人，把国王高兴坏了。可是这小国不厚道，出了一道难题：这三个金人哪个最有价值？

国王想了许多的办法，请来珠宝匠检查，称重量，看做工，都是一模一样的。怎么办？使者还等着回去汇报呢。泱泱大国，不会连这个小事都解决不了吧？最后，有一位退休的老大臣说他有办法。

国王将使者请到大殿，老大臣胸有成竹地拿着三根稻草，插入第一个金人的耳朵里，这稻草从另一边耳朵出来了。插入第二个金人，稻草从嘴巴里掉了出来。而第三个金人，稻草进去后掉进了肚子里，什么响动也没有。老大臣说：第三个金人最有价值！使者点头表示答案正确。

这个故事告诉我们，最有价值的人，不一定是最能说的，而是听人说话能听进去的。

有时一些父母也会来跟我抱怨："孩子一直反复说我们以前用了一些错误的方式对待他，该怎么办呢？"我会问这些父母："你们一般都是怎么回应孩子的呢？"父母们一般都会告诉我："我们就叫他过去了的事情不要再提了。"但事实上，父母这样回应，就如同那根稻草一样，孩子说的话只是从父母一边的耳朵进去，又从另一边的耳朵出来了，父母根本没有明白，孩子之所以这样说，是因为内心那曾经的伤痛还一直在那里。

假设父母能够在这种时候回应："哦，对不起，爸妈当时不该用错误的方式对待你。以至于你现在想起来还觉得难受，是吗？"当父母这样回应孩子，才是真正听到了孩子内心的需求、才能满足孩子内心的需求，也才能让孩子释怀，这样孩子就不会总是反复提起了。

我见过很多的父母跟孩子说话会唠叨一大堆的道理，但是孩子却不爱听，因此也就起不到教育孩子的作用。我们来看一下美国的早期教育家斯特娜夫人在教育女儿维尼夫雷特时的一则故事。

有一次，女儿维尼夫雷特问斯特娜夫人："我想到同学家里去玩，可以吗？"斯特娜夫人说："可以，但必须在 12 点半以前回来。"可那天孩子比预定的时间晚了 20 分钟才到家。斯特娜夫人见孩子回来了，她什么也没有说，只是指了一下墙上的钟。孩子知道回来迟了，马上歉疚地说："是我不对。"吃完饭，孩子赶紧换了衣服，因为她每到星期二就要去看戏或看电影。这时，斯特娜夫人又让孩子看看钟，并说："今天时间来不及了，戏和电影是看不成了。"孩子难过地流下了眼泪。斯特娜夫人并未就此止步，而是说了一句十分惋惜而又耐人寻味的话："这真遗憾！"

面对孩子的过错，尽管斯特娜夫人并未采取其他任何处罚手段或是说教，但是使孩子明白了一个简单的道理：父母的要求如果是正确的，那就必须绝对照办，否则你就得为此付出代价。父母教育孩子的话语是说到点子上即可，而非说得越多越好。

最后，我想说的是：父母如果懂得好好听孩子说话，那么，父母就能进入孩子的内心，滋养孩子的心灵；而父母如果能够好好地跟孩子说话，孩子自然也就会接受父母的教育，这样，家庭教育就会轻松不少，也往往可以取得良好的效果。

学习重要，人际交往就不重要吗

一天，在外讲座结束，我正准备要离开，一位母亲怯生生地过来，问我："孩子不怎么爱学习，作业也经常不会写。这该怎么办呢？"我询问父母亲平时是如何与孩子互动的。她说夫妻二人在工厂上班，孩子都是奶奶带着。每天回到家里都很晚，孩子早就睡觉了，没有时间与孩子互动。

再接下来我了解到，这位母亲生了五个孩子。奶奶一人带五个孩子，奶奶也没有文化，不会教孩子，只会要求孩子要乖，不要去惹是生非。奶奶一般很少带孩子出去玩，都是让孩子在家；要是带出去，会拿一根绳子牵住孩子，不许孩子随意走动，更不许随便跟陌生人说话。

在这样环境下长大的孩子，我感觉到确实需要心理帮助。为了更切实地帮助他们，我让这位妈妈立即把孩子们都带过来给我看看。孩子们出现在我的眼前时，我感觉到这些孩子的眼神是很茫然的，甚至可以说是有些呆滞。当我想要跟他们对话时，他们就回避开。就连我问他们的名字，也避而不答，一句话都不跟我说。妈妈说，孩子在外就是这样的情况，根本不跟外人交谈。

听到这里，我的心为之一惊。显然，这些孩子，他们的学习问题其实属于小问题，而人际交往问题则属于大问题。这五个孩子，最大的上四年级，最小的上幼儿园。他们的长相都挺不错。可是，他们就是不愿意与外界交往，或者更确切地说，是不敢与外界交往。

离开讲座会场，在回家的路上，我一直在想，这五个孩子到底是怎么了？五个孩子中，有四个是女孩，最小的一个是男孩。很显然，这对经济状况并不是太好的父母，是为了要生一个男孩，才最终生了这么多的孩子。这位妈妈说话的声音非常小，也不敢在课堂上当众跟我提问，也许妈妈的个性也有胆小不自信，不太敢表达的部分。

我还见过一些因为超生而四处躲藏着生下来的孩子，也有类似不太敢跟陌生人说话的情况，但不管怎么样，我所见的其他的孩子就算不敢言语，但眼神还是能够交流，而且能够点头或摇头回应，却还不至于像这几个孩子这么严重。这五个孩子之所以这样，其中还有其他的原因，诸如妈妈反馈：爸爸很凶，经常动不动就大声责骂孩子，让孩子有话也不敢表达；还有奶奶从小就要求这些孩子不能乱跑，不能随便跟陌生人说话，不然会被带走……

所以，更为严重的原因也许是他们的家庭教育出了问题。父母没有起到很好地教育孩子的作用。在孩子想要探索外界时，父母没有鼓励孩子勇敢地去探索；在孩子想要表达时，父母没有给过机会。据说还有一次，有一个孩子在课堂上举起了小手，想要回答老师提问，可是老师当时没有把发言机会给孩子。当孩子回去告诉妈妈，妈妈却说，肯定是你总回答错误，老师才不让你回答的。长此以往，孩子还怎么有自信在学校、在老师面前发言？

那天离开之前，我给了这位妈妈一些教育孩子的建议，并留下预约电话和地址，告诉这位妈妈可以带孩子来做心理辅导，以免耽误孩子今后的人际交往。这位妈妈当时答应了，但过了很久都没有来，一直到现在都没有来。

回想那天，这位妈妈找我时，只是问怎么样才能提高孩子的学习成绩，而我那天的讲座也是有关指导孩子学习方面的。或许，这位妈妈关心的只是孩子的学习。她不知道（又或许是故意忽略）那些比学习更重要的东西（孩子内在自信阳光，有安全感，充满能量，与外界很好地互动等心理能量），而没有这些心理能量的补足，孩子是没有能力去更好地面对外界的，包括没有能量去面对学习。

我那天是在一个培训学校做的讲座，据说，她的孩子都在那里补课，但补了很久成绩并没有起色。当然，我见过太多因为心理状况不佳而怎么补课也补不上去的孩子。

　　也许在这位妈妈看来，人际交往不算什么。这位妈妈当时一再地跟我说，只要孩子学习好就行了，其他方面她觉得都不重要。有些妈妈在教育孩子的过程中，本末倒置而不自知，甚至振振有词，觉得自己怎么样都是为孩子好。

　　妈妈们，如果一条路已经走错了，一定要折返回来，去选择更利于孩子成长的道路再出发，而不要一条路走到黑，还认为路只能这样走。请记得：亡羊补牢，犹未为晚。

怎么与孩子不费力地沟通

有些父母会说，有时好好地跟孩子说话，他就是不听，非得要用吼的方式；甚至还有些父母会说教育孩子是要靠打的。

在我开线下亲子高效沟通工作坊时，确实发现不少的父母与孩子的沟通是存在问题的，两天的工作坊时间好像都不够——父母需要去学习和改善的方面实在是太多。而且我发现，很多的父母都是在做费力的沟通，把自己弄得身心疲惫，同时也把孩子弄得很痛苦。

我们来看一下，有些父母所谓的好好地跟孩子说话是怎么说的呢？父母说："宝贝，你不要爬栏杆哦！"结果孩子就去爬栏杆了。父母一看，赶紧大声一吼："停下！再不停下，摔死你！"孩子这时就会被超高分贝的声音吓一跳，然后人就像被冻住一样，一动不动地在那里，又或是真就被吓得摔了下来。

有的父母因为孩子有一次没有好好地写作业，收到老师的投诉，父母就跟孩子说："你没有交作业，这让我很丢脸，你知不知道？下次再这样，看我不揍你！"孩子一听，心里就会想："哦，原来我没有写作业就是让爸妈丢脸的事情，原来爸妈丢脸了，就会发泄情绪到我的身上。"孩子就抓住这个部分再想："爸妈丢脸就会让我难受，但是接下来我也只能难受，我不知道我该干什么，而且爸妈这样对我，我很讨厌爸妈。可是作业呢，作业好像是爸妈的问题，而不是我的问题。况且，爸妈还说到什么下次之类的，唉，好讨厌！"于是，孩子又有了下次的不写作业。于是，下次孩子就被打了。

我们再来分析一下上面这两个案例：

第一个案例是叫孩子不要爬栏杆。人类的大脑有这样的一个现象，就是不太听得进"不"字。我们可以来做一个实验：各位读者朋友，此刻，请你不要想象在你的不远处有一只蝴蝶，不要去想这只蝴蝶的颜色是黄色的，不要去想这只蝴蝶在翩翩起舞，不要去想这只蝴蝶它想要飞到你的身边……

请问大家，读完这段文字，能否做到脑子里完全没有想这只蝴蝶？我猜想，大家的脑子里或多或少可能都会闪过这只蝴蝶的形象。在我们的线下课程中，如果让大家闭上眼睛，听我说这段文字时，人们无一例外地都会想到这样一只蝴蝶。各位读者也可以闭上眼睛试一下，把类似不要想买零食、不要想着出去玩、不要想手机之类的话念给自己听，看看自己脑子里有没有闪过零食、出去玩、手机的画面。所以不想要让孩子怎么样，就最好不要提及，因为哪怕你说的是不要，孩子最后也会被吸引，然后父母们就会被"逼得"从好好说到不能好好说，因为觉得自己说了还不听。

记得小时候，我们有一户邻居家的小伙伴，有一次她端着一大碗饭要到祠堂里（我小时候在农村长大，祠堂是村里办红白大事的地方，也是我们小孩子玩乐、聚会的场所）跟大伙一起吃。因为那个碗是新买的，她的妈妈担心碗会被打烂，于是不断地提醒她"千万别打烂了"，可是结果呢，她真的一不小心没有端稳那只碗，碗被打烂了。当时，她的妈妈骂她"真笨、没用"，端不稳碗，而小伙伴都觉得她是一不小心打碎的。现在我再回过头看，这其实就是她妈妈强调了别打烂，就把她吸引到打烂了，其实错不在她。

这样的例子我现在回想起来也还有很多，比如我小时候去田埂上骑自行车，如果我是想着"不要掉下田埂"，那结果一定会掉下田埂；如果我想着"我一定能顺利地骑过去"，那么我就会顺利地骑过去。

所以，父母与其费力地一遍遍提醒不要怎样，不如换成可以怎样。"不要打烂碗"可以换成"妈妈相信你可以把碗端好"。"不要爬栏杆"换成"可以在这里滑滑梯"。当然，如果父母不过度担心的话，孩子上栏杆也是没有多大问题的，孩子能上去就能下来，要足够信任孩子，不要在中途吓到孩子。

第二个案例是说孩子不写作业让父母丢脸，说下次再这样就揍孩子。说

"不写作业让父母丢脸"这样的话，显然是父母的情绪有点激动——只因为没有写作业就觉得丢脸，并且没有突出孩子该为自己的作业负责，这样的话一出来，父母再怎么费力地想要改变孩子都会比较困难。

所以面对孩子，应该先把作业的责任交给孩子。如何把责任交给孩子呢？首先，父母要情绪稳定，可以跟孩子说："孩子，老师说你没有交作业，你打算怎么解决呢？"孩子听到这里，往往都会说："我赶紧补上，以后好好地交作业。"所以，我提倡的不费力的沟通的模式是：孩子的事情，对应的主体就只是孩子——你没有做好，你怎么解决；而不是只提你没有做好，我有多难受。当然，如果父母确实有难受，也可以表达，但是这个度要把握，不要太过于夸大，而且同样要把责任交给孩子，可以这样说："孩子，老师说你没有交作业，我听到后心里很不舒服，你说说看作业这个事情怎么解决？"另外，不好的方面，千万不要强调下次，父母一强调下次，就很容易吸引有下次。父母应做到不强调下次，而是当下事当下解决，只说"你打算怎么解决"就可以了，不需要费力地说其他。

我见过太多的父母有时气急败坏地与孩子做无效且费力的沟通。父母说："你怎么就只知道贪玩，不知道好好地学习呢？"于是，孩子就变得很贪玩，不知道好好学习。父母说："你怎么总是把地板搞得脏兮兮的？"于是孩子就把地板搞得脏兮兮。父母说："这点事情都做不好，真是没用。"于是，孩子既仇视父母又认同父母说的自己没用。父母说："哭有什么用，不许哭！"于是孩子憋住难受并且再也不愿意跟父母沟通……

我给大家总结一下，无效且费力的沟通模式大概有这样的一些特点：

一、父母带着情绪、不耐烦。

二、父母把"不"字挂在嘴边。

三、父母以偏概全，把偶尔的一两次说成"总是"，给孩子贴上负面的标签。

四、父母没有就事论事，一点事情就上升到否定孩子这个人。

五、父母没有很好地倾听孩子，没有允许孩子表达情绪……

我倡导大家可以跟孩子做不费力的沟通，具体可以这样做：

一、跟孩子沟通时要保持情绪稳定。当然，有时孩子做的事情难免会让父母生气，那这个时候父母可以表达生气，但不要生气地表达。就事论事地告诉孩子这样做让父母感到很生气，并且指出下次具体怎么样才是正确的做法；不要由事情上升到对孩子这个人的否定、责骂。

二、把否定词换成正向的词汇。把不可以怎样，换成可以怎样。

三、信任孩子。信任孩子有两个层面：一是父母们要知道，当你信任孩子时，孩子才能信任你，才能对你敞开心扉；二是要信任孩子内心都是想要上进，想要做好自己的，由此，孩子也才有力量做得更好。

简单来说，不费力的沟通就是情绪稳定＋正向词汇＋信任孩子。

当我们用不费力的方式与孩子沟通时，往往会收到事半功倍的效果；而当我们剑拔弩张地与孩子做费力的沟通时，只会留下很多的后遗症，孩子的状况也只会更糟糕，亲子关系就会进入恶性循环之中。

这里给大家呈现一个不费力沟通的例子：

曾经有一次，我家小儿子犯了一个小小的错误，我把他叫到跟前。他看我一眼，怯生生地问："妈妈，你会因此而不要我吗？"我回答："不会。"

小儿子接着问："如果有一个特别乖的孩子给你选，你是选择要他，还是选择要我？"我回答："选择要你。"

小儿子又接着问："如果把钟钟（小儿班里的学霸）给你选，你是选择要他，还是选择要我？"我回答："选择要你。"

小儿子又接着问："如果给你很多很多的钱，你会选择要那些钱，还是选择要我？"我回答："选择要你。"

接着，小儿子笑了，他说自己一定好好改正错误，以后再也不犯了。我告诉他："妈妈相信你能做到！"

做会聆听的爸爸妈妈

如果问大家："你觉得听人说话难，还是自己讲话难？"我想大多数人都会说："当然是自己讲话难。"

可是事实上，听人说话要比自己讲话难多了。尤其是听小孩子说话。甚至在小孩还不会讲话时，你能听懂他的非语言表达吗？

小孩子最先使用的语言是啼哭。这个啼哭的表达，最先是要讲什么呢？人生第一声的啼哭只是呼吸罢了，所以在我们一出生来到这个世界上时，如果我们自己没有主动哭，那么医生或护士就会轻轻地拍打我们的脚后跟，直到我们哭了，医生护士才会高兴，因为这标志着我们会自主呼吸了。所以孩子的第一声啼哭，是令父母开心的。只是，后来的啼哭，我们做父母的开心吗？一般来说是不太开心的，甚至于有些时候会觉得很厌烦："怎么又哭了？烦不烦呀！"说这句话的父母，多半是有些时候没有听懂孩子啼哭这种语言的表达。

大部分人都是能听懂婴儿的啼哭的，婴儿无非就是要吃喝拉撒了。比如说，有的婴儿哭，父母立马就听懂了："孩子是饿了！"孩子再哭，父母可能又听懂了："孩子是尿尿了，要换尿片了。"孩子再哭，父母又听懂了："孩子是口渴了。"孩子接下来还哭，这时候，父母会怎么样呢？可能有的父母就会不耐烦了："你怎么老是没完没了哭啊，真是很烦呀！"又有可能有些父母还是听懂了，会说："孩子一定是躺累了，想人抱一抱了。"于是，父母会走过去，把孩子抱起来。当孩子一被抱起来，立马就不哭了。说明这个时候的孩子是想要被抱，想要身体的接触。

可是，我也时常听到一些人说：孩子不能总是抱着，抱惯了，他就不肯安分地躺在床上了。持这种看法的人是注重行为训练（当然，很多时候是父母自己想要偷懒、省事），却忽视了孩子内心渴望被抱的情感需要。

那再后来呢？又要如何听懂孩子？孩子更大一点呢？又再大呢？孩子的表达其实有很多种方式，不光是说出来的话，还包括刚才所说的哭，还有眼神、动作、表情，等等，所以，我们的聆听也应该是多方面的。

听与聽

接下来，要跟大家探讨一下"听"这个字。

我们现在的简体字"听"是左边一个口，右边一个斤，合起来就是一张嘴值一斤，甚至值千斤，所以，这个简体字"听"，其实只强调了嘴巴的重要。那我们再来看看古代繁体字的"聽"，左边的上面一个耳、下面一个壬，右边是十、四、一、心，所以古人强调的是我们听人说话的时候，人要直立起来，竖起耳朵，极其投入地去听。这才是真正的听。

但遗憾的是，很多人便如现代这个听字这般，时刻只注意说、强调说，却忽视了听的作用，以至于不能真正地听懂别人的话语，或者是听懂了别人话语的表层意思，却忽略了话语背后的情绪、情感。

所以，真正的聆听，不是不用心地听，不是只有外表装着在听，也不是只选择性地听自己感兴趣的部分，而是从对方的角度倾听，用对方的眼睛看世界，用心倾听及回应来了解对方的感受，同时发动自己的全身心，体察对方的情绪、身体语言、声调、语气里面所蕴含的信息。

辨析错误的聆听与正确的聆听

很多人会说，孩子刚出生时，是听不懂我们说的话的。但这其实是一个悖论。现在有一种儿童得的病很严重，叫"自闭症"。自闭症在医学上找不到病因，也确定为没有办法治愈。但在心理学上对此有更深的研究。

其实，每一个孩子在出生大概头两个月里都是处在正常"自闭期"，这个阶段孩子的能量指向自己，不去关注外界，他的自我目标基本就是吃喝拉撒睡。这时候在孩子的感觉里，还没有办法区分外界和自己。孩子以为自己还是像在妈妈的子宫里一样，世界和自己是一体的，这个世界只有自己，外界所有的一切也都是属于自己。这个阶段，如果母亲能够对孩子有积极的关注和及时的回应，就维持了孩子的这种"全能自恋"感，否则，就会挫伤孩子，孩子容易形成自恋型暴怒，恨不得摧毁整个世界。

患自闭症的孩子，他们的心理水平就一直停滞在这个全能自恋的婴儿时期。其原因可能就是在孩子需要被满足全能自恋时，却没有被满足，所以就没有办法继续往前发展。

那为什么没有得到满足呢？其实就是大人没有正确聆听婴儿，没有读懂婴儿的需要并给予正确回应。比如，当婴儿在自主地微笑时，做母亲的看到后没有充满欢喜，没有激荡起母亲的喜悦，母亲没有发自内心地对婴儿回以微笑；当婴儿夜半啼哭，母亲听到后没有过去抚慰婴儿，而是不理不睬等等。母亲经常没有以婴儿的感受为中心，没有与婴儿同频共振，没有给予积极的回应与关注，其结果就是孩子的全能自恋得不到满足，孩子绝望地发现妈妈并不能被自己随心所欲地操控，不能满足自己的需要。于是，充满了不安全感、不确定感，内心充斥着愤怒。当一个人对外界感到不安全时，他为了保护自己，就会先攻击别人，我见过很多自闭症的孩子都是这样。于是，我们看到自闭症的孩子不仅不能很好地与外界交流，还对外界充满了攻击行为，特别容易打人。当然，自闭症的孩子，暴怒的情绪也会常常出现。

而如果孩子的全能自恋得到较为充分的满足，心智自然就会向前发展。就好比干枯的幼苗有了充足的雨露后，自然就会向上生长，否则就一直处在饥渴的状态，甚至枯萎。

当孩子的全能自恋被满足后，就能顺利地进入"主体客体分化"期，婴儿逐渐明白妈妈和自己不是一个人，并能够接受他人与自己想象的不同。孩子这时便不再是只沉浸在自己的世界，不仅仅关注自己，也开始关注别人。孩子会发展出基本的同理心，并逐渐发展出与人交往，融入世界的能力。

所以说，对于一个妈妈来说，自从婴儿出生，聆听就非常非常重要。整个婴儿期，妈妈跟孩子的互动都是非常重要的。

我们再来看，再大一点的孩子，我们又应该如何聆听呢？可以先来看这样一个例子：孩子最喜欢的玩具坏了，孩子一边说"妈妈，妈妈，我的玩具坏了"，一边不停地大哭。这个时候大家听到了什么呢？听到了孩子说玩具坏了，想要一个新的玩具吗？而事实有可能是，孩子在为这个玩具难过，这个陪伴了他这么久的玩具，突然不能再玩了，不能再陪伴他了。所以，如果这个时候，妈妈只是安慰他说："没有关系，我再给你买一个新的。"孩子依然还是会难过的，有的孩子还会继续哭个不停，因为他觉得你并没有真正听懂他。他的潜台词可能是："我这么难过，你都没有看到，都没有听到吗？你不知道我对这个玩具是有感情的吗？你不知道我是舍不得这个玩具吗？"

为了加深大家对这个方面的理解，我再给大家呈现一个例子：

有一天，爸爸妈妈正在看着电视，孩子站在沙发上左摇右晃地吃着巧克力，突然"啪"的一声，巧克力掉了。孩子这时非常难过，哇哇地哭开了。爸爸妈妈好心安慰孩子："没有关系，只是一片巧克力嘛！"孩子却哭得更大声了："我要我的巧克力。"爸爸妈妈看孩子哭得那么厉害，立刻变得不耐烦了，大声责怪说："谁让你刚才摇摇晃晃，否则巧克力也不会掉了！"孩子听到爸爸妈妈愤怒的语言，感觉到爸爸妈妈又凶又不理解自己，于是，更加撕心裂肺地哭。这时，妈妈为了让孩子安静下来，赶紧说："别哭，别哭，再去给你买一块。"可是，孩子却根本不买账，躺在地上，又哭又闹，因为他觉得爸爸妈妈还是没有理解他，还是不懂他，他要的不是再去买一块，而是爸爸妈妈能够理解他的不开心——他正吃得开心的状态突然没有了，突然被打破了。

爸爸看到孩子这个哭闹的样子，爆发了："你这孩子，怎么回事？三天不打，上房揭瓦了啊……"这个时候，孩子看到爸爸妈妈暴怒，害怕被打，才安静下来。

很多的爸爸妈妈会觉得"暴怒"和"打"这招最管用，觉得自己的孩子就喜欢被这招来管，于是一直运用，甚至觉得这是对孩子最好的管教方法。其实在这种状况之下孩子是被吓到了，才外表安静下来，内心却是一片混乱的。长此以往，孩子长大后对外界容易充满恐惧，不能自如地应对外界。

正确的做法是，爸爸妈妈要听懂孩子的情绪，明白孩子这个时候的难过，而不是排斥这个事情，觉得没有什么大不了的，不值得这样，应该帮助孩子更好地管理情绪、应对情绪。当妈妈接纳这个事情包括孩子的情绪之后，才可能会重新思考，并想出解决办法。

看到并接纳孩子的行为，听出话语背后的情绪、情感需求，并做出描述及反馈，这才是正确的聆听。这也就是人本主义心理学家托马斯·戈登所提倡的积极倾听。

下面，我们再来用"积极倾听"重新应对刚才所说的情况——

爸爸妈妈尝试站在孩子的角度上思考，虽然孩子不该左摇右晃，但是知道现在不是教训孩子的最佳时机，他只是一个孩子，对他来说，这是一件很伤心的事情。爸爸妈妈可以说："哦，真是太可惜了。"对孩子表示同情。

孩子有可能仍然伤心，爸爸妈妈可以再给予更多的同情和理解："宝贝，这是你最喜欢吃的巧克力，对吗？现在弄掉了，你很伤心，是不是？"

爸爸妈妈这样说的时候，让孩子觉得自己获得了重视和理解，所以悲伤情绪没有加重，就会冷静下来思考该怎么才能改善目前的情况。

当孩子觉得爸爸妈妈是完全理解自己时，孩子的内心就会觉得舒坦，他就会停止哭闹。爸爸妈妈也可以在这个时候去抱一抱孩子，这样孩子的身心会得到进一步的慰藉。

爸爸妈妈接下来也可以给孩子再买一块巧克力，并趁机让孩子明白，以后吃东西的时候，不该摇摇晃晃。

当然，如果爸爸妈妈这时觉得不该再给孩子买也是可以的，但是同样要运用积极倾听，要理解孩子难过的情绪，然后再向孩子解释原因。

我们所说的积极倾听是一种处理不快情绪的沟通方法，是让孩子觉得父母是理解他的，让孩子觉得与父母之间的距离拉近了，体会到父母的爱，一般有三个步骤——

步骤一，父母放下自己的情绪和批评的想法；

步骤二，父母理解孩子信息所包含的意义，正确解码孩子的言行；

步骤三，父母准确地反馈孩子的信息、感受，让孩子感觉到被理解。

积极倾听，简单来说就是听懂孩子的情绪、感受，并对此给予理解。下面，给大家再呈现一些积极倾听的例子：

孩子说	爸爸妈妈可以抱抱孩子或拍拍孩子的肩膀说
"我不去上学了！"	（听到了什么——孩子很不开心，一定是遇到了什么事）"噢，今天在学校遇到什么不开心的事儿，是吗？"
"小莉没有让我跟她一起玩。"	（听到了什么——孩子想跟小莉玩，对方却不接受，内心一定是失落的、委屈的）"噢，你感到很失落，是吗？"
"你不给我看手机，你是坏妈妈！"	（听到了什么——不给孩子玩手机，孩子此刻很生气）这时，妈妈先要镇定，不要愤怒，淡定地对孩子说："妈妈知道你因为想看手机，所以才生气，才认为我很坏。"切记，妈妈不生气，才能使孩子更快地走出生气的状态。妈妈温柔而坚定自己的原则，孩子也才能遵守原则。

接下来，我们来看看一些孩子的气话背后的意思：

孩子的气话	气话背后的真实意思
"你不是我的妈妈，我不要你这样的爸爸！"	你们做的事情让我很生气、很难受，我不接受但我又无力改变。
"我不做！"	你没有跟我商量就命令我做，这不公平；又或者是做这件事让我很担心也很害怕！
"我恨你！"	你总是做一些我不喜欢的事情，如果你也能做一些我喜欢的事情就好了！
"为什么要生我？"	你们总是争吵，让我觉得我不该来到这个世界；又或者是你们总是指责我，让我觉得没有存在的价值。

最后，我给大家再总结一下聆听的层次——

第一层次：心不在焉，甚至内心不耐烦，心思在自己的事情上；第二层次：能停下手中的事情，蹲下来与孩子处于同一水平线，好好地听孩子说话；第三层次：用鼓励与理解的目光看向孩子，全身心地聆听孩子。

接下来，我要跟大家说一下聆听的注意事项——

聆听时要与孩子同频。当孩子开心时，爸爸妈妈也要处在开心的状态与孩子沟通，而不是说"这有什么好高兴的"，更不要把自己的负面情绪带给孩子；当孩子难过时，要站在孩子的角度去理解他的这份难过，而不是说"这没有什么大不了的，没关系，不要在意"。

如果爸爸妈妈处在情绪不稳定的状态，请坦诚地告诉孩子："爸爸妈妈现在没有办法集中精力听你说，先让爸爸妈妈冷静一会儿，等我们处理好了自己的状态，马上过来找你好吗？"

愿大家都可以成为会聆听的爸爸妈妈！

爸爸妈妈怎么说孩子才肯听

如果用心观察，就会发现，有些人一说话就让人感觉很舒服；而有些人说话，一开口就让人感觉不舒服，让人想远离。不同的话语，又或是说话时不同的方式方法、不同的语气语调、不同的身心状态，会给接收者完全不同的感受。

在我的父母成长沙龙中，我常常需要去纠正一些父母的话语。比如父母说："叫你好好写作业，你怎么还不写呢？"我们会让父母改成："现在时间已经不早了，你还没有开始写作业，我有些着急，也担心你完不成作业会被老师惩罚，你看看是不是可以开始写作业了？"

在我们的沙龙现场，我会让家长扮演成孩子，去体会这两种话语带来的不同的感受，往往家长会觉得后面这种话语更加舒服，听完更加愿意去做作业。后面这种话语是心理学家戈登所提出的方式，这种方式称之为"我信息"。当然，我本人基于多年的工作经验发现——对于这个"我信息"，再增加启发式的询问效果会更好。戈登老师的"我信息"是指"行为＋感受＋影响"，我提倡的是"行为＋感受＋影响＋启发"式的询问。父母们可以多套这个公式去跟孩子说话，很多父母验证了这一公式能带给孩子很好的变化。

我们来看看，为什么听了前面这种话语，孩子不愿意马上写作业呢？前面这种话语其实是带有指责性的，矛头指向孩子。人类有一个本能，被指责的时候，会有一种本能的反抗，不想听从。而后面这种没有指责，只是就事论事地描述行为，表达父母的感受，表达影响，并且最后询问孩子，而不是强迫孩子。所以，后面这种话语让人感觉更加舒服，而一个人有了好的感受之后，自然会容易有好的行为。

也有人会跟我反映：后面这种要说一堆的话很麻烦。我的回应是多去运用，说多了成习惯了就不会觉得麻烦了。而且父母的感受借由后面这种话语表达了出来，就不会增加难受的情绪，心里会舒坦下来。相反，前面这种指责性的话语，父母说完依然会感觉难受，因为这种话语只会增加父母所认为的——孩子不听话，于是又更加难受了！并且后面一种会带来孩子的正向行为，父母的情绪也更多得到了疏解；而前面一种更容易带来的是孩子的负向行为，会加重父母的难受。所以前面一种最后会变得更加麻烦。

也有些时候，我们让一些父母用我们教的话语去跟孩子沟通，但是有的父母会说孩子还是不听。那问题出在哪里呢？通过让父母再演示一遍会发现，虽然话语是相同的，但是父母的语气和态度不对，所以孩子根本听不进去。

关于沟通方面有一个叫 55387 的定律，55%+38%+7%=100%。55% 是什么呢？就是我们人际沟通的时候，55% 决定你沟通效果的是你的态度、表情、仪表。38% 指的是口气、口吻、说话的语气语调、声音的抑扬顿挫等。而语言的内容只占 7%。如果 55% 和 38% 都没做好，7% 的话语输出不了，或者输出了对方也不会接收到。

因此，建议各位父母与孩子沟通时，如果孩子不听，那就说明需要去调整我们的态度、调整我们的语气了。

《易经》有讲：贲如，濡如，永贞吉。意思是指装饰得光泽柔润，永远坚守正道，便可获得吉祥。那用在说话表达中，我们可以这样来解读：要说出的话，需要懂得修饰到语气温润，让人如沐春风；除此之外还要融情入理，说出去的话是合情合理的，这样便可获得吉祥。如果我们能够本着这样的原则跟孩子说话，想必孩子都是会愿意听的。

我曾经看过一份沈阳市心理研究所对一些少年犯做的调查，发现这些少年犯的家长平时都是使用暴力语言、否定式的语言与孩子沟通，最后这些语言就变成了凶器，令孩子走向了犯罪的道路。这些暴力语言、否定式的语言有："猪脑子""废物""没用""谁都比你强""你怎么不去死""就没有见过你这么笨的""丢人"……父母千万要避免使用这类语言去跟孩子说话。

我曾经遇到这样一对母子，一连好长一段时间，孩子在睡觉前都会跟妈妈提起，说妈妈曾经叫他去死。然后妈妈很没有耐心地说："我跟你说了那是妈妈一时的气话，你就不要放在心上了。"事实上，孩子能不放在心上吗？这种话太伤人了，况且这个妈妈并没有诚挚地道歉。面对这个孩子，这位妈妈应该很耐心很诚恳地说："宝宝，对不起，是妈妈错了，妈妈不该说那样的话，请你原谅，那不是妈妈的真心话，妈妈希望你一直好好地活在这个世界上！"这样一个比较深的心灵创伤，做妈妈的不能奢望说一次就让孩子不记心上，更不能以这样不耐烦的态度说："我已经解释过了，你干吗老提呢？"

幸亏这个孩子知道表达出来，不然长期压在心里就会造成更大的伤害。那么，做会说话的爸爸妈妈，我认为可以从以下几个方面去做：

一、共情孩子。当孩子难受时，表达对孩子难受情绪的理解；当孩子因为事情做得好而开心时，表达对孩子的欣赏。

二、父母不接受孩子的做法时，要反馈孩子的行为，描述自己的感受和影响，再启发式地询问是否可以有调整的做法。

三、不要太过随意地与孩子说话。父母不要因为自己的喜好或情绪的好坏而随意和孩子说话，尽管可能不是父母的真心话，但对孩子的影响却是很大的。

四、尽量对孩子说一些温暖的话。古人言："良言一句三冬暖，恶语伤人六月寒。"

记得有一次，我在高铁上见一个小女孩跟爸爸脸对脸地聊天，那场面异常温馨，女孩问爸爸："爸爸，你为什么叫我小美女呀？"爸爸用手摸了摸小女孩的头，说："在爸爸眼里，你就是一个特别美丽的小美女呀！就是爸爸最爱的小宝贝呀！"然后他们又聊了一些成人感觉像是废话一样的话语，可是他们每一轮的问答，女孩都是充满期待，而爸爸都是充满温情。这是一个会说话的温暖的爸爸。

传说在古希腊，有一位奇丑无比的仆人叫伊索，因为博学多闻而受到尊敬。有一次，主人分别给几个仆人一笔钱，让他们买回世上最珍贵的东西。其他仆人，有的买了珠宝，有的买了羊，有的买了手工艺品……唯独伊索空手而回，但他宣称已经买了世上最珍贵和最卑贱的东西。主人很困惑。伊索伸出舌头，说："这就是世上最珍贵和最卑贱的东西。懂得用舌头，可以说出世上最珍贵的话；不懂用舌头，可以说出世上最卑贱的话。"

各位父母，看了这个故事是否有感悟呢？善用我们的舌头和嘴巴，可以让它成为最珍贵的东西；而不善用它，就会让它成为最无用的东西。

懂孩子，父母更轻松

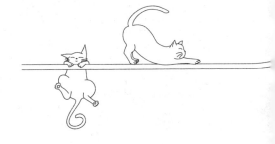

不同年龄段，孩子有不同的需求

很多父母都希望自己是一个懂孩子的人，那到底该怎样去懂孩子呢？我们不妨去了解一下孩子不同年龄段的需求。

当孩子呱呱坠地时，孩子对这个世界一无所知，孩子跟母亲依然是共生的状态。孩子以为自己还是在子宫里一样，无须努力，便能满足一切所需。0 到 3 个月的孩子，所谓的一切所需也很简单，无非就是吃喝拉撒睡，当然，孩子也会渴望父母是带着满满的爱来为他做这一切。

但这个时候的孩子还不会说话，那他怎么表达所需呢？哭是这时候孩子的唯一语言，孩子一哭，父母就应该及时回应他。对于这个时期的孩子来说，父母就是他们的双手双脚，是他体验无所不能的全世界。千万不要担心这个年龄阶段的孩子会被宠坏，及时回应只会让孩子感受到温暖和爱。如果这个阶段的孩子每次的哭泣不能得到父母的及时回应，那么，孩子就会形成习得性无助，长大后容易产生对他人和世界的不信任感，容易没有安全感。

这个阶段孩子的哭往往是在表达他饿了、尿了、冷了、身体不舒服了、受到外界刺激了，或者需要睡觉了，想被陪伴了，等等。父母的及时满足，会让他们的全能感得以施展，内在的稳定感得以建立。

因此 0 到 3 个月的孩子的需要就是父母的及时回应、对孩子无条件的爱。孩子越小的时候，越需要父母无微不至地呵护，越大，就越需要父母试着放手。

4 到 18 个月，孩子由会翻身到会走路，这个时期的孩子开始想要探索外界。在保障孩子安全的前提下，父母要允许孩子对各种物品进行探索。孩子可能会去抓取各种能抓到的东西，甚至想要将其放入口中，父母应该允许孩子去满足口欲期。当孩子能够爬行和走动时，要允许孩子爬来爬去，走来走去。这个时候，父母陪伴孩子时距离的把握很重要。不能太远，要让孩子抬起头或转过身就能看到；但也不能太近，以免影响到孩子的独立探索。一旦遇到危险，他可以第一时间投入父母的怀抱。恰当的距离可以让孩子放一百个心，大胆进行探索。这个时期父母要始终带着坚定和充满爱的眼光看向孩子。

18个月到3岁是孩子喜欢说"不"的阶段，孩子开始进入人生的第一个"叛逆期"。这时，父母可以尊重孩子的个人意愿，这个年龄段的孩子正在学习如何自己做决定并实现目标。当孩子表达想要做某件事的意愿时，只要不是有安全隐患的行为，就可以放手让孩子做主导者，陪孩子一起去完成。孩子通过自己的行为达成目标，看到自己的行为对外界产生的影响，就会有极大的满足感。我自己的孩子在这个时期特别不喜欢我们替他盛饭、盛汤，反倒是他非常喜欢替全家人盛饭、盛汤，每当他能把饭或是汤顺利地盛到碗里时，他便会非常开心。

孩子0到3岁期间，爸爸妈妈情绪稳定对于孩子来说非常重要，并且父母最好不要在这个时期跟孩子有长期的分离，这是给到孩子人生较好的安全感的前提条件。

4到5岁的孩子开始在意他人对自己的评价，此时父母、长辈对孩子的欣赏与肯定很有必要，同时这个时期也要开始逐步引导孩子的行为。这个时期的孩子爱捣鼓各种东西或者是谈论异想天开的事情，只要是符合安全的范畴，父母就应该鼓励和认同；如若不然，则应该以温和的方式示范正确的行为，而非打压抨击孩子。

同时，这个时期的儿童还常以自我为中心，将自己的想法强加给别人，认为自己所想的也正是别人所想的。这时，如果单纯地通过言语去引导孩子换位思考，可能效果不太理想，父母可以通过讲故事或试着将自己的想法表演出来来影响孩子。可以是父母扮演孩子，也可以是孩子扮演父母，或者是父母扮演成孩子的同伴等，用活泼有趣的形式表演给孩子看，孩子便很快能够明白他人的想法。

6 到 12 岁，按照埃里克森的人格发展阶段划分，这个阶段孩子的主要需求是获得勤奋感，克服自卑感。这个阶段的孩子如果能够克服自卑感这个危机，便能够形成积极的人格；如果能顺利完成学习课程，就会获得勤奋感。儿童如果各方面努力得不到关心，反而受到批评、嘲讽等，那么他们就会产生自卑感。

此阶段的孩子，还需要通过一些任务来获得勤奋感，父母可以给孩子设计一些小的、分段的任务，让孩子能够顺利完成。

6 到 12 岁也是孩子学习知识、培养技能的时期。这个时期应该培养好的学习习惯，同时让孩子劳逸结合，提高学习效率。有些孩子通过努力，取得了良好的学习成绩，便能获得愉悦感，满足勤奋感。如果孩子确实通过自己的努力仍不能取得特别理想的学习成绩，那么，父母可以去培养孩子的某个特长，培养孩子的兴趣爱好，让孩子享受学习一项特长或是达成一项目标的过程，逐渐形成对自己能力的自信心，这样，孩子也能体会到成功的愉悦。

12 到 18 岁的孩子已经进入青春期，他们特别需要父母的尊重、信任与平等交流。与这个年龄段的孩子交流，父母不要过于威严和武断，需要引导孩子时，要先理解孩子的心思，再给予建议。

有人称青春期是孩子的"多事之秋"，特别需要父母的谨慎对待。如果孩子遭遇一些困苦，父母可以通过讲述自己的人生经历，来达到与孩子的共鸣和给予孩子疏解。当然，父母讲述的经历最好是对孩子有正向引导作用的，不要讲述一些负面例子。如果没有这样的正向事例，那么，父母做到积极倾听、同理孩子，这样也能给予孩子很大的慰藉和支持。

青春期的孩子特别看重同伴关系，会很在意同伴对自己接纳与否。父母不要去讥笑孩子的同学，反倒可以鼓励孩子邀请一些志趣相投的同学到家里来玩。

青春期的孩子情绪比较容易躁动，父母要先学会接纳孩子的情绪。不要在孩子有情绪时说不能有情绪，不要去压制孩子的哭泣或者愤怒。情绪就像弹簧一样，越是压制越会反弹。要教育孩子学会认识这些情绪，而不是批判孩子。不要指责说悲伤是不好的、愤怒是错的。情绪是一个复杂的体系，父母不要用"好坏"去区分。情绪没有好坏之分，有了情绪要让它自然流淌。要让孩子知道难过的情绪不会是永远的，开心的情绪也不会是永远的，情绪原本就是像水一样流淌的。允许孩子的情绪发泄，而不是压制它，这样情绪才不会堵塞在身体里。我们允许孩子情绪发泄时，孩子的情绪反而会来得快去得也更快。

12 到 18 岁的孩子还需要承担一定的家庭责任，被分配一定的家庭事务，这对于孩子将来成为一个有责任感的人和承担社会义务都有很深远的意义。

懂得孩子的需求，做好陪伴，顺应孩子的需求，而不是事事都与孩子拧着来，这样做父母，你会发现育儿这件事也没有那么难。

孩子的情绪类型有哪些

只要是一个活生生的人，就必然有各种各样的情绪。每一个人，都会有他自己习惯用的情绪模式。以我个人的经验总结，对于孩子来说，有三种最常见的情绪模式。

第一种是喜悦型。

萌萌就是一个喜悦型的孩子，她整天都是笑眯眯的。她的东西也总是非常愿意跟人分享，就算有时遇到不如意的事，她自己画一会儿画，或者玩一会儿积木，情绪也能很快地平复过来。

曾经有一位妈妈跟我说，她希望孩子是喜悦型，但为什么孩子就不是呢？她的孩子很少有笑容，有时别人逗他，他也不笑。细问之下，原来孩子的爸爸是一位军官，平时对待孩子非常严肃，爸爸认为一个出色的男人应该是不苟言笑的。

还有这样一个事例：一位著名的音乐家在指导一个中国女孩拉小提琴时，发现这个孩子各个方面都掌握得很好，可是没有办法呈现出快乐的情绪。

这位音乐家问孩子的妈妈："你觉得孩子漂亮吗？"妈妈回答："不漂亮。"音乐家问："你觉得孩子拉得好吗？"妈妈回答："不好。"音乐家这时似乎找到了女孩演奏的症结所在，他对孩子的妈妈说："我得告诉你一件最最重要的事，你的焦虑会影响到你的女儿。如果你一直表现出焦虑，她会成长为一个时刻都紧张忧虑的人。如果我是你，我会觉得跟女儿在一起，快乐是唯一的事情。你唯一的任务就是让孩子保持轻松愉快的心情。"

接着音乐家指着站在台上默默低着头的小女孩说："需要改变的不是那

里，而是这里（指向女孩的母亲）。她可以展现出她的技巧，却难以挤出一丝微笑——这才是我所担心的。"

所以，想让孩子成为喜悦型的孩子，关键是父母是否给到了孩子这样的喜悦呀！

第二种是生气型。

小驰是容易生气的孩子，遇到不如意的事情，他就爱生气。在生气的时候，他也会讲一些令别人难受的话，但事情过后，他并不会在意。平时，也是非常有正义感的孩子。

有的妈妈问我："我家小宝就是爱生气，比如不小心摔了一跤，也没有摔得很重，可是他却一个劲地号啕大哭，或是很生气地踢地面。该怎么办呢？"

我的回答是："其实孩子摔了一跤，内心会被吓一跳，安全感会被破坏，这时如果大人把他抱起来，轻轻地抚摸他，他的安全感就会回来，他就不会一直哭泣。有些爷爷奶奶带孩子时，看到孩子摔跤，会想帮孩子出气，于是生气地去怪罪地面，那么孩子自然就学会了生气地对待地面。"

还有的妈妈问我："孩子的东西被别人拿了，就会很生气，怎么办？"

我的回答是："这是正常的现象，我们成人遇到这样的事情不也会生气吗？"所以，我们无须要求孩子做一个不会生气的孩子。

第三种是忧郁型。

美美是一个容易忧郁的孩子。遇到不如意的事情，她不会去跟别人说，她喜欢把心事藏在心里。但是，她的脸上往往能表现她有心事。同时，美美又是一个心思细腻的孩子。

有一位妈妈在生完二胎后，得了产后抑郁症，那之后，就发现大宝变得有些抑郁了。其实，父母的情绪是会感染孩子的。

对于家长来说，肯定都希望自己的孩子是喜悦型的孩子。但孩子惯用哪种情绪模式，跟妈妈怀孕时的状态以及家庭教养有直接的关系。

萌萌的妈妈说，她在怀萌萌的时候，心情非常好，整个人总是处在一个喜悦的状态之中；小驰的妈妈则相反，她在怀孕时，心情较糟糕，夫妻之间也经常吵架；而美美的家庭里面，爸妈有什么心事都不愿意与人分享，总是藏在心里。

所以，孩子惯用哪种情绪模式，这并不是孩子自己决定的。如果父母想要让孩子更开心喜悦，自己就要用更开心喜悦的状态去带领孩子；如果父母希望孩子少一些暴怒的时刻，自己就要少对孩子发脾气；如果父母想要孩子不忧郁，自己就要以更阳光积极的心态去引领孩子，并且不要时常批评、贬低孩子。

孩子行为背后的目的是什么

在父母和孩子朝夕相处的日子里，有很多人都会有类似的困惑：为什么我的孩子总是喜欢弄些麻烦事情出来？为什么我的孩子总是喜欢大吵大闹？为什么我的孩子总是喜欢打扰我？为什么我的孩子动不动就发脾气，和我对着干？

有很多父母来问我：孩子总是惹出这样那样的事情，也就是有不当行为时，父母究竟该怎么做呢？大多来问我的父母，他们以往一般会在孩子有不当行为的时候呵责、打骂孩子，可是这样下来，孩子还是没有改变，自己的苦恼还是没有解决。

如果从根源出发，去了解孩子这些行为背后的真正目的和原因，去读懂孩子，再来引导孩子的行为，就会省去多走的弯路，亲子之间也就会进入轻松而和谐的相处模式。接下来，我们就试着去读懂孩子不当行为背后的动机、目的。

现代育儿学基本理念的鼻祖，20世纪初的奥地利著名精神病学家、个体心理学之父阿德勒认为，人类的每一个行为都是为了实现某个特定的目标并获得相应的回报。阿德勒认为孩子和成人是一样的，都是一个独立个体，需要得到尊重并被有尊严地对待。孩子不会去做没有目的、没有回报的事情，他们的吵闹、对抗、叛逆看似随机，但其实是为了达到某种目的，他们渴望获得归属感和价值感。

那么孩子各种不当行为背后的动机和目的到底有几种呢？阿德勒认为孩子行为最主要的动机和目的是为了归属感，此外，还有三个次要动机：寻求权利、寻求自我保护、寻求逃避。

寻求归属感的孩子会觉得，只有"我"被关注或者被父母围着团团转时，才感觉到自己是重要的。这样的孩子会借各种打岔、执拗，甚至做出不符合孩子本身年龄段的行为来吸引父母的注意。寻求权利的孩子借助于对抗、不听话、发脾气等来显示其对"权利"的追求，这也就是我们熟知的"叛逆"。寻求自我保护的孩子会想"反正我也没人爱"，为了自我保护，我一定要报复，这样的孩子会借助伤害自我来报复父母。寻求逃避的孩子觉得自己一无是处，他们不希望父母对他们有所期望，这时候孩子选择的不当行为是自暴自弃、破罐子破摔。

那么，如果孩子真的有以上的行为与目的，父母又该如何应对呢？

寻求归属感的孩子，其实需要的是父母多花一些时间去陪伴，需要父母给到他的信息是：对于父母来说，他是重要的、有价值的。

寻求权利的孩子，他们希望父母明白他是有能力的，他是需要被尊重的，他是拥有选择的权利的，并期望真正给予他选择的权利。

寻求自我保护的孩子，他们需要父母认同他们的情感。父母可以对孩子说的话语是："孩子，你的行为已经告诉我，你受到了伤害，愿意和我谈谈吗？"避免惩罚、反击或是嫌弃孩子，父母应主动道歉并改正以往对待孩子的不当方式，向孩子表达爱，全然地接纳并且信任孩子。

寻求逃避的孩子，他们内心的真实声音是"爸爸妈妈，请不要放弃我，救救我"。此时，父母要做的事情是：无条件地爱孩子，积极地与孩子沟通，不断表达对孩子能力的信任，关注与肯定孩子的优点。父母可以教给孩子一些技能，示范给他们看怎么做，但不要替他们去做。可以将难的任务分解成多个小任务，让孩子一步步地在完成小任务中获得对自己的信心。父母需要多花些时间去陪伴与训练孩子，而不是放弃或者怜悯他，要对孩子鼓励！鼓励！再鼓励！

以上所说的四种行为与目的，被心理学家简·尼尔森运用于其创建的正面管教系统当中，得到了很好的验证并实际地解决了许多孩子的问题。

我本人则觉得不管是寻求归属感、寻求权利、寻求自我保护还是寻求逃避，其实最终的目的都是寻求父母的爱与想要自我成长。我们来看以下一些事例。

事例1：一个咖啡馆里，一位母亲正带着8岁的女儿与朋友聊天，这位母亲与朋友聊得很起劲，女儿却百无聊赖。过了一会儿，女儿开始问妈妈一些问题，可问了几个问题之后妈妈就开始表现出不耐烦，然后女儿的情绪变得越来越糟糕。结果妈妈又指责女儿不该打扰她，于是女儿开始大哭，说妈妈是一个坏妈妈。妈妈也情绪失控了，因为她完全不理解，女儿为何不能安安静静地在一旁待着。

事例2：一位妈妈正在打电话，孩子却来找妈妈陪玩。妈妈说："不行！没看见妈妈正在打电话吗？走开！"可是过了一会儿，孩子又来了，让这位妈妈烦不胜烦。

事例3：4岁的玫玫原本已经学会了自己刷牙、洗脸、穿鞋，可是妈妈生了妹妹之后，玫玫看到妈妈整天只照顾妹妹，没有时间陪伴她，于是，玫玫就说自己什么都不会了，凡事都需要妈妈。

这三个事例，如果我们用阿德勒的理论来套，那么可以说孩子是在寻求归属感、寻求关注。但在我看来，这其实也都是孩子在呼唤父母的爱，呼唤父母不要忽视自己，不要只顾着他人而不顾自己。当父母明白孩子是在呼唤我们的爱时，也就能更好地理解孩子的不当行为，这时父母再带着爱告诉孩子，随后爸爸妈妈会找一些时间专门陪伴他，这样，孩子的不当行为慢慢就会被纠正过来。

事例4：有一个11岁大的男孩，在一家人准备一起出门吃晚饭的时候，和妈妈发生了争执。因为那天天气凉，妈妈想让他多穿件外套，可他怎么都不肯穿，于是就争吵起来。最后妈妈说："你穿不穿？不穿你就一个人待在家里！我们出去吃饭！"这时儿子大喊道："就是不穿！我不出去了！"之后爸爸怎么喊他出去吃饭，他都不愿意出去了。

事例5：一个14岁的女孩，她的父母都很强势，经常责骂她、压制她，总是看到她做得不好的地方。无论女孩如何努力，父母都不认可她，因为担心认可会让她骄傲。这个孩子最后发展到用小刀在胳膊上划口子来发泄对父母的不满，用伤害自己来报复父母。

事例6：一个12岁的男孩，因为考试没有考好，回到家里正拿出书本准备复习。父母一看成绩单，便责骂与冷嘲热讽孩子："白养你了！就只会考这么一点儿分，还装模作样地复习。"男孩一听，立即把书本放下跑去玩，再也不愿看书了。

事例4的孩子是寻求权利，想要自己做主；事例5的孩子是寻求自我保护，但寻求不到，自己又不知道还有什么更好的方式，于是采取报复的方式，让父母看到后难受；事例6的孩子是寻求逃避，想学好，但因为父母觉得自己不是在学好，于是选择放弃。这些孩子，内心其实都有一个真切的渴望——想好好地成长自己。

如果面对事例4中的孩子，我们允许他成为自己，允许孩子自己做主，自己决定是否再添加一件衣服，那么又何来不当的行为呢？

如果面对事例5中的孩子，父母允许孩子成长为自己，多一点欣赏孩子，多一点接纳及真正关爱孩子，孩子就不至于出现自残的行为。

如果面对事例6中的孩子，父母能够了解，孩子内心是想要向上成长自己、想要做更好的自己的，又何至于责骂孩子，导致孩子自暴自弃、寻求逃避呢？

所以，所谓的孩子的不当行为，不就是孩子在呼唤我们对孩子要多一点正确的爱，要允许孩子成长为自己？孩子就是这么简单的想法呀！

不当行为的目的，我们现在明白了，可是各位父母是否想过，孩子做出不当行为的原因是父母用了不当的对待孩子的方式？

孩子有拖延症怎么办

拖延症这个词，被现代人普遍滥用，以致很多父母认为自己的孩子有拖延症。在我组织的父母沙龙活动中，也有不少父母提到过孩子有这个状况。细究孩子拖延的原因，不外乎以下这么几种：

第一种是孩子存在被动攻击。

很多孩子在生活被父母安排得太满的情况下，不情愿做那么多事情。可是尽管孩子不情愿却又不敢主动表达，以至于用做事拖延来表达攻击性。

比如有一位妈妈说："孩子每天都要很晚才动笔写作业，似乎能拖多晚就拖多晚。"说这话的妈妈同时反映，每天孩子都要在放学后去参加兴趣班学习，有时是音乐课，有时是绘画课，回到家后有时还要求孩子做些运动。妈妈认为安排这些都是为女儿好，却不知道，安排得如此满，孩子疲于应对，就只好能拖就拖了。

还有一位爸爸跟我说："孩子在周末时，明明用半天就可以把全部作业写完的，偏偏要用两天。"我问这位爸爸："如果孩子很快就写完了，剩下的时间你们会允许他玩吗？"这位爸爸回答："我们一般都会再给他增加一点作业，因为还剩下那么多时间，不能浪费掉了。"看，孩子就算写快了，也没有可以任自己自由支配玩耍的时间，那他就只好被动攻击，拖拉着慢慢写了。

第二种是孩子缺少时间观念。

孩子往往不像成人一样具有时间紧迫感，他们的时间概念比较模糊。年龄小的孩子不知道提前做好一件事，会给他带来什么更好的结果，也不清楚拖延做事会有什么更坏的结果。他们不知道"快"和"慢"会带来的具体影响，甚至有的孩子认为时间有很多很多，是用不完的。比如幼儿对于吃饭这件事，爸爸妈妈会知道，不快点吃饭，饭菜就凉了，凉了对身体不好；又或者吃完饭还可以安排其他事情。而幼儿不会明白饭菜凉对身体有什么影响，更何况不会有什么事情等着要完成。再比如，爸爸妈妈知道，自己上班和孩子上幼儿园都不能迟到，而孩子则不然，孩子不知道爸爸妈妈上班和自己去幼儿园晚了会有不好的影响。

第三种是父母个性的影响。

有的时候，一些父母跟我说孩子的拖延症非常严重。然后细问下，父母会说自己的拖延症也很严重，甚至自己的拖延症比孩子的还严重。比如说单位交给的任务，一定要到最后一刻才去完成。但是这样的父母也很奇怪，自己可以这样，却不接受孩子也是这样。

还有一些父母，自己做事很快，可是不了解孩子的特点，习惯用自己的标准去要求和催促孩子，在这样的情况下，孩子就会越催越慢。所以，太慢的父母养出慢的孩子，太快的父母也养出了慢的孩子。

第四种是孩子的个性使然。

有些孩子的慢，是因为他天生细心，所以凡事慢慢进行，总是尽最大的能力做到最好。比如我们的父母沙龙中，有一位妈妈说自己女儿做事很慢，做作业也很慢，可是孩子很细心，学习成绩也很好，考上了省重点高中的尖子班。那面对孩子的拖延，父母该怎么办呢？

第一种情况，孩子存在被动攻击时，父母应该征求一下孩子的意见，与孩子商量可以选择的一些兴趣班，不要给孩子安排得太满，有些松动的时间，让孩子劳逸结合，孩子才能更快速地启动学习。孩子完成作业后，也不要给孩子额外增加作业，把时间交给孩子自由安排。要明白，并不是课外作业做得越多，孩子的成绩就会越好，孩子开心、不焦虑地学习才能有更好的学习效果。

第二种情况，当孩子还没有时间观念时，父母需要清晰地告知孩子时间的重要性，并且告知没有及时做好，可能给自己及父母带来的影响。要用孩子能理解的语言去与孩子沟通，不要带着情绪去说孩子，这样孩子明白之后，一般都能顺利做到。平时也可以用计时的方式，与孩子比赛做一些由简单到困难的事情，提升孩子做事的效率。可以特意设定一些情景，让孩子能够按时完成，并及时肯定孩子的时间观念。

第三种情况，需要改变的是父母本身。太慢的父母，要把自己拖延的状况改了，给孩子做好榜样，不责备孩子，多鼓励孩子，相信孩子可以变快，相信孩子有自己的规划，同时用自己好的状态去带动孩子。太快的父母，则需要明白孩子还小，做事不可能达到成人那样完美的水平，对孩子多一些接纳，允许孩子按自己的节奏来，停止催促孩子，孩子在不被父母施压，心定的情况下，才能越做越好。

第四种情况，如果孩子天生就是这样慢而心细的个性，父母可以做的就是接纳孩子的状况。这样的孩子就算慢，可是不被父母过度打击的话，人生还是会有成就的。

最后，我还想强调一下，真正的拖延症指的是在明知有害后果的前提下，仍然将原有计划向后推迟，导致不良后果的一种自我调节失败的常见精神心理现象。而大部分的孩子，其实都没有达到真正的拖延症的程度，一般都没有出现严重的不良后果，所以对于孩子偶尔的慢不用太过于焦虑。而如果孩子确实有拖延倾向，那也多是说明父母需要去做一些调整了。

回报，是需要去提醒孩子的事情吗

一

曾经在一次工作坊的心理咨询中，有人哭得稀里哗啦，说父母从小把养他当成一笔生意，就指望他长大后要如何回报他们，他时常怀疑自己是否父母亲生的，虽然答案是肯定的。

没有想到的是，此言一出，立即得到好几个人的回应。一个说自己也是这样被父母对待的，说自己的父母也一再说"要不是盼望着老了以后你能养我，对我好，我干吗要辛辛苦苦地养你"；还有一个说，父母在她很小的时候就已经离婚了，此后父母每个月给她一点生活费，让她跟着爷爷生活，父母还多次说过不想要她，不过还是觉得她的存在可以让他们老了有个依靠……

最后，还有人总结：这世上有爱孩子的父母，也有不爱孩子的父母，甚至还有恨孩子的父母——他们恨孩子拖累自己……

听到这些，不觉让人愕然。这世上真有这样的父母？众所皆知，爱孩子是父母的本能，可是，为什么有些父母不爱孩子呢？

说父母把自己当成一种交易的人解释：因为父母都是精明的商人，所以老是把他当成商品，时常计算各种利益关系。

说父母盼望自己长大后一定要对他们好的人解释：因为父母是农民，每天上山下地累得不行，回家后还要照顾那时还是只能吃喝拉撒睡的他，父母觉得疲惫不堪，坚持下来后强调长大后一定要回报他们才行。

遭遇父母离异的人解释：父母不是因为相爱而结婚，他们一直觉得她是一个不该来到这个世界的人，但不得不抚养她，于是，就想着怎么样将来也是有点回报和可倚靠的。

这样的父母，想必世上是很少的。我也真的希望世上这样的父母少之又少，甚至没有。但我也在想，就算他们口头上表达出的是不爱孩子，也许内心还是有爱孩子的成分的，只是他们没有表达出来，可当他们强调回报时，孩子就感觉不到爱了。就像现在有些父母，他们嘴上说着爱孩子，行动上却对孩子各种不接纳、各种苛求，孩子也感觉不到父母的爱。

二

我时常在想："孩子为什么会来到这个世界？为什么会来到我们的身边？"孩子不是无缘无故地来的，他是被我们召唤来的。

不可否认，在养育孩子的过程中，我们需要付出大量的心血。可是，就算再怎么辛苦，我们不是也曾经因他们而得到过欢乐吗？著名作家龙应台在她的书中写道："谁能告诉我做女性和做个人之间怎么平衡？我爱极了做母亲，只要把孩子的头放在我胸口，就能使我觉得幸福……"这样的母亲，想必还是大多数吧？

三

孝敬父母、回报父母其实是一件自然而然的事情。但如果做父母的过分地跟孩子强调这一点，势必会引起孩子的反感。试想，当父母这样说的时候，孩子内心能感受到爱吗？一个内心没有感受到爱的孩子，让他如何用爱的方式去回报父母呢？

所幸我所见到的那几个人，虽然遭遇了父母那样的对待，但经过心理咨询，内心得到了一定程度的抚平，最终与父母和解了。换言之，如果父母一开始就懂得小心呵护孩子幼小的心灵，一开始就用无条件的爱去面对孩子的话，这样双方的相处想必就会一直处在一个其乐融融、温馨无比的状态。而在这样的情境下长大的孩子，又怎么需要担心会不懂得去回报父母呢？

从成人的角度去反观养育孩子的过程，就能明白有效的付出自然会有有效的回报。正如种瓜得瓜，种豆得豆。

接纳才能让孩子更有力量做好自己

有很多人问我："黄老师，您说打骂不利于孩子的成长，要我们接纳孩子，说接纳才能让孩子更有力量做好自己，有时还说要无条件接纳，到底具体该怎样做呢？"

下面，我就来回答一下大家关心的这个问题。"接纳孩子"，是尊重孩子的身心发展规律，根据孩子所处的发展阶段接纳孩子当下的状态，是对孩子全然的、不带条件的爱，但并不代表无原则的纵容。具体可以从以下几个方面去做：

第一，无条件接纳孩子的情绪。

在以往的工作中，我看到很多父母，在"喜怒哀惧悲恐惊"七种情绪当中，除了喜欢孩子"喜"的情绪，对孩子的其他情绪大都是不喜欢、不接纳的。当孩子表现出愤怒、悲伤或是恐惧时，很多父母就会立即去制止孩子，不允许孩子这样。其实，这是不恰当的做法。从小被过度压制情绪的孩子，长大后他的情绪就会变得很糟糕，特别容易动怒、悲伤、忧郁等。

所以，不管孩子出现什么样的情绪，我们要先接住孩子的情绪。可是，何为接住、接纳孩子的情绪呢？

比如说孩子考试没有考好，孩子很伤心。有些父母可能会说："自己没有努力考好，有什么好伤心的？别伤心了！"或者说："你哭泣的样子真是难看死了！"有些父母甚至因为孩子没有考好，一个劲地责骂孩子或是打孩子，打骂完孩子还不许孩子哭。这些做法就是不允许、不接纳孩子有情绪流淌出来。

而父母接纳孩子的做法是：知道孩子自己也想考好，没有考好孩子自己心里也很不是滋味，这时可以问问孩子："没有考好，此刻很难过是吗？"当父母这样问的时候，孩子就会感觉到父母是理解自己的，内心就会舒坦些，这就是接纳带来的效果。

父母这时也不要打骂孩子，这样就会让孩子有安定感，接下来父母可以再问孩子："你觉得这次没有考好的原因是什么？需不需要爸爸妈妈帮你理一理？"如果孩子自己总结出了原因，也不需要父母帮忙，父母可以就此打住。若是还有一点担心孩子，那还可以再问一下孩子："打算以后怎么做？"孩子这时就会思考如何做得更好，也更愿意付出努力去学得更好。当孩子表态后，父母一定要相信孩子。这样，接纳与引导孩子一气呵成。

当情绪出来时，不管是愤怒、悲伤还是恐惧等情绪，我们大体可以这样来做：1.用心倾听，以询问式的语句协助孩子表达情绪；2.等孩子情绪缓和下来，协助孩子理清原因；3.引导孩子思考解决方案。

可以用以下的话语来具体传递我们的接纳：1.这件事让你感到很生气（或是很伤心、很恐惧）是吗？可以拉着孩子的手或是抱抱孩子、蹲下来跟孩子说；2.等孩子表达完情绪，并且缓和下来（有些孩子听完我们上面那一句很快会好转，有些孩子需要的时间长一些，如果孩子还是难受，就要一直陪着孩子，或者引导孩子"我们是否能做点什么让自己感觉好一些"，直到孩子情绪好转），这时可以问孩子"要不我们一起来看看这次让你特别生气（或伤心、恐惧）的原因是什么"；3.找到原因后，如果有涉及其他人、事、物，再问孩子："那你觉得可以怎么去解决？"有些孩子只是表达完、发泄完情绪就好了，其他什么事就都没有了；有些孩子可能是找到原因后就释然了；有些孩子可能还有其他的人、事、物要去应对，这时先把解决问题的权利交给孩子，如果孩子觉得需要父母协助，那么父母再给予协助即可。

每一种情绪都是有能量的。悲伤是告别和放下的能量，允许孩子悲伤的情绪流淌，在孩子悲伤的时候抱抱他，那么，孩子就会放下悲伤，那个让孩子悲伤的事件对孩子就不会造成更多的后遗症；愤怒是保护的能量，遇到该愤怒的事情时愤怒：比如他人严重侵犯自己利益时，那么懂得愤怒就可以更好地保护自己；恐惧是生存的能量，当遇到危险时，恐惧的情绪让我们知道避开危险物，这样可以保全生命……允许和接纳孩子的情绪，这些能量才能很好地释放出来。

第二，接纳孩子已经犯下的错误。

我们都知道"人非圣贤，孰能无过"，然而对于小孩子，有很多的父母却很难在孩子做错或是没有做好时给予理解。

如果我们接纳孩子的错误，就会让孩子了解到犯错误只是学习的机会，没什么丢人的。

记得有一次，我去一个企业讲课，讲了关于接纳孩子的错误。听完我的课之后，这家企业的一位高管过来跟我说："黄老师，我要是早一点听到您的课程就好了！"她说自己曾经因为8岁的儿子拖地时撞碎了花瓶，狠狠地骂了儿子一顿，儿子现在已经30多岁了还记得这件事，并且从那以后再也不愿意拖地了。她说孩子原来是一个很勤快的人，但从那之后就不爱干活了。

这位高管的孩子原本想好好地分担家务、想去拖好地，有一个很好的出发点，可是结果不小心出错，因此遭到妈妈的痛骂。妈妈这样的做法其实会让孩子的心理受到较大的伤害。

如果在这个时候，妈妈可以先接纳孩子的错误，那么事情的发展就完全不一样了。如果妈妈能够接受花瓶已经碎了，再怎么骂孩子也都于事无补，然后语气平和地与孩子交流，孩子就能感受到父母的爱，在这种爱的气氛下，家庭教育才能发挥作用，孩子也不至于记恨这么多年，并且原本勤快、活泼的个性也不会被改变。

孩子一犯错误就被父母重重地责骂，那么，孩子内心就会慌乱。试问在这种慌乱的状态里，孩子如何能接受到父母给他的教育？甚至有些孩子会觉得那个错误已经被责骂抵消了，他已经受了责骂（或打骂）的惩罚了，所以不需要反省和改正了。这就是我们可以看到的很多孩子被父母打骂之后还屡教不改的现象。

不能接纳孩子的错误，那一次又一次的骂和打只会给孩子带来伤害！当然，如果孩子确实犯了一些原则性的错误，那我们要对孩子说明他这样做是不对的，要表达清楚，是非黑白分明，但不要因此而无情地抨击孩子。

接纳孩子的错误，是把错误跟孩子这个人区分开来，是对事不对人，是让孩子明白，就算犯错了，父母依然爱他，是让孩子有力量在他的错误中学习和成长。

第三，接纳孩子的不足。

为人父母，总是希望孩子很优秀，一旦孩子表现不够优秀时，就会表现出对孩子恨铁不成钢的焦躁，更有甚者，对于孩子的短处轻则贬损，重则打骂。可寸有所长，尺有所短。每一个孩子都有他的短处和长处，接纳孩子的不足，孩子才能有力量做好自己，孩子的长处也才能更好地发展起来。

曾经有一对在重点高中做教师的夫妻，他们的孩子成绩平平，夫妻俩经常因为成绩的事情批评孩子，后来他们的孩子读到高一就干脆说不上学了。夫妻俩很着急地带着孩子来找我。当我跟孩子聊时，孩子跟我说，他想将来做一个出色的厨师，做菜是他非常拿手的事情，还得到过亲戚朋友的夸赞。他原本想读完高中再去学厨师的，但是现在父母整天因为他的成绩责骂他，他就不想再坚持上学了。

当我与孩子探讨一般的厨师、米其林餐厅的主厨、上完大学的厨师等角色后，孩子有了自己的选择。他重回校园，并且外语成绩突飞猛进。而我给这对夫妻的建议是：不要再因为孩子的成绩不如那些优秀学生而责骂他，要接纳孩子的成绩；在孩子擅长的方面鼓励孩子，孩子往往就能做得更好。

我曾经听过这样一个故事，说有一位非常智慧的妈妈，让原本在老师眼里认为是很差的学生，最后却考上了理想的大学。这位妈妈是这样做的：

孩子上幼儿园时，老师说孩子有多动症，妈妈却告诉孩子"老师说你以前能安静坐一分钟，现在能安静坐三分钟，说你有进步了"；小学时，老师说怀疑孩子有智力障碍，妈妈告诉孩子"老师说你并不笨，只要你细心些，你就能超过你的同桌"；到了初中，老师说孩子考重点高中有困难，妈妈却说"老师对你很满意，说只要你努力，很有希望考上重点高中"。妈妈一直没有责备孩子，没有厌恶孩子，而是一边接纳，一边鼓励，孩子最后考上了清华大学。拿到录取通知书时，孩子说知道自己并不是很聪明的孩子，是母亲一直在欣赏他，才让他有了这样的成绩。

还有一个北风与南风比谁的威力更大的故事，它俩说看谁能把行人的衣服吹下来。北风使劲地吹，非常用力，把人的脸庞吹得刺痛，这时行人就把衣服裹得更紧，谁也不愿意把衣服脱下来；而南风徐徐吹来，让人感到舒服、温暖，行人就把大衣给脱了。这就是心理学上的南风法则，也叫作温暖法则。

同样的道理，在教育孩子的过程中，如果我们一味揪住孩子的不足之处，那么根本不会达到我们想要的结果，而试着接纳孩子的不足，给予爱与温暖，往往就能启动孩子内在的力量。

第四，接纳孩子的个性。

曾经听三位家长聊天，A 家长说羡慕 B 家长有一个活泼开朗的儿子，B 家长说羡慕 C 家长有一个稳重、安静的儿子，C 家长说羡慕 A 家长有一个成绩好的儿子。

这很有意思，A 羡慕 B，B 羡慕 C，C 又羡慕 A。三位都是只看到了别人家孩子的优点，而没有看到自己家孩子的优点，而这是不接纳孩子的做法，由此，孩子会变得没有信心，又容易受挫。事实上，我们听这三位家长的描述就知道三个孩子都是有优点的，但是家长自己没有意识到。

有的孩子个性活泼，有的孩子个性内敛，不同的个性都会有将来适合他的发展方向，父母需要做的是接纳孩子，因势利导，而非打压孩子，让孩子对未来失去信心。

最后，在这里还要跟大家强调接纳并不代表溺爱，并不代表纵容，如果孩子提的是一些不合理的要求当然也不用去满足。

接纳孩子是指父母内在需要具备的基本理念和态度，是明白孩子的成长没有捷径，是真正接受孩子的状况，从而真正去支持孩子生命的成长。

接纳孩子，孩子才能够轻松地做自己，孩子才不会与父母产生对抗的力量。无条件接纳的是孩子这个人，是完完整整地接受孩子这个人，是不嫌弃孩子有时有做得不够好的地方，是接受孩子的个性，是允许孩子成为他自己。如此，亲子双方就都能轻松愉悦地创造人生。

永远不要拿孩子和别人家的孩子比较

有很多家长会拿自己的孩子和身边别人家的孩子比较，曾经有一位家长坦言："反正我各个方面都会比较，从体格到成绩到长相。"末了又说："我就是希望孩子各个方面都更好一点，不希望孩子一无是处。"听起来，似乎各种比较都是为孩子好。

有一次，珊珊数学期末考试考了 96 分，妈妈问道："你们班上最高分是多少呢？"珊珊说 100 分。妈妈问："有几个 100 分？"珊珊说有 3 个。"都有 3 个考 100 分了，那你怎么没像别人一样考 100 分，这 4 分丢哪去了？"妈妈厉声责问。珊珊此时不知道该如何回答，眼泪在眼眶里直打转。

倩倩的一位同学在舞蹈比赛中拿了一等奖，倩倩的妈妈见了之后，当着同学的面，便忍不住数落倩倩："你看看你，怎么就不向人家学习？怎么就从来没有拿过一个奖回来呢？你怎么就这么没用呢？"倩倩低下头，恨不得有条地缝钻进去。

类似这样的比较非常多。可是，这样比较的意义在哪里呢？真的是为孩子好吗？

父母也许以为这样比较，可以让孩子找到差距，努力去追赶别人，让自己变得像别人那样优秀。可是实际上，孩子感受到的是父母觉得他不如别人，不喜欢他，他是没有价值的。原本对学习的兴趣也会逐渐下降，想要向好的动力也会削弱。因为父母拿孩子不如别人的地方去跟人比较，父母给到孩子的信息是："别人行，你不行。"从而让孩子的内心里有一种声音：我不如别人好。有的孩子甚至因此觉得自己一无是处。由此，孩子就会产生自卑感，自卑感会让一个人的心往下沉，会拉扯掉生命的能量。

我有一位一起学习心理学的同学，她说自己小时候就经常被爸爸妈妈拿来跟姐姐比较。爸爸妈妈总是觉得姐姐优秀，而觉得她不如姐姐。哪怕在她成了世界五百强企业的高管，父母还是觉得她的能力一般。她为了证明自己，拼命努力，可最后仍然没有得到父母的欣赏，以至于她一度抑郁。走出抑郁的状态之后，她转行做心理咨询，在当地也做得非常出色，别人见了她的父母，会夸赞他们生了她这么优秀的一个女儿。但她的父母却往往回一句："还是她的姐姐比她更优秀。"好在她学了心理学之后，能够认识到自己的价值，不再需要父母的认可。但说起这些时，她还是难免感慨一番。

德国哲学家莱布尼茨说："世界上没有两片完全相同的树叶。"物种是有其多样性的，而同样，世界上也没有完全相同的两个人，每个人活在这个世界上都是独一无二的，每个人也都有他独特的价值。

当父母拿一个孩子跟另外一个孩子比较时，很多时候是一味地只看到别人家孩子的好，却没有意识到别人家孩子说不定也有不如自己家孩子的方面；又或是自家两个孩子进行比较，只因父母个人喜好而只有一个评价标准。

其实，当我们看到别人家孩子强的一面时，可以去想：别人家的孩子也可能会有比较弱的一面；当我们看到家里老大更擅长的一面时，也应该意识到有些老大做不到的地方，老二能够做得到。我很佩服这样一位妈妈，别人当着她和孩子的面，表扬老大成绩好时，她总会顾及成绩稍逊的老二，她会回答："谢谢您的夸奖！两个孩子各有各的特点，老大稍微擅长学习，老二情商很高，他们各有各的优点。"所以，在她的言行影响下，老二没有自卑，反而活得特别阳光。

记得有一次，一位心理学老师在讲课时分享，他说他的孩子就算做不了国家的栋梁，也可以做一条檩条；就算做不了檩条，也可以做筷子；就算做不了筷子，还可以做牙签。言下之意，就是说不用强求孩子一定要多么优秀，我们应该坚信每一个孩子在这个社会上都有用武之地。

著名的发明家爱迪生在 8 岁那年，开始上学，但仅仅上了 3 个月，由于他太爱问问题，经常提一些让老师回答不上来的问题，这让老师恼羞成怒，校方最后以"低能儿"为由勒令其退学。而爱迪生的母亲，丝毫不觉得爱迪生是低能儿，不觉得他比任何一个孩子差。爱迪生在母亲的教导下，学习了一定的文化知识，凭着自己的智慧和勤奋，他不仅博览群书，而且一目十行，过目成诵。他阅读了大量的文学、历史等书籍，并且酷爱物理和化学、酷爱实验，组织了一帮像他一样热爱科学又有自己独特长处的人，一起成立实验室。就这样，爱迪生慢慢走上了科学发明的道路，成为人类历史上非常了不起的大发明家。

人们都说爱迪生是天才，但爱迪生却解释说："天才就是百分之一的灵感加上百分之九十九的努力。"随后他又补充说："还有要像我母亲教导我的那样'天才还要相信每一个人都有独一无二的能力'。"

有这样一个小女孩，非常热爱跳舞，却因一次车祸而失去了一条腿。每天看到可以活蹦乱跳的妹妹，她总是自惭形秽。在一个阳光明媚的清晨，妈妈用轮椅推着她到野外去漫步。在一棵树下，妈妈让她停了下来。妈妈问："女儿，你觉得自己怎么样？"

"简直糟糕透了，我成了一个没有用的人。"她沮丧地说。

妈妈用手指了指眼前的森林，问她："你知道这片森林里有多少动物吗？你觉得那些动物会不会饿死？"

"不知道。"她有些丈二和尚摸不着头脑。

妈妈充满爱意地摸了摸她的头，说道："有很多的动物生活在森林里，它们都有自己的本领，都能找到自己的食物。有一天，啄木鸟要去找工作，它首先遇到了一只蜜蜂正在采蜜，它心里想，可惜我不会采蜜；接着它又走啊走，看到小兔子在采蘑菇，它心里想，可惜我不会采蘑菇；然后它又走啊走，看到了蚯蚓在松土，它心里又想，可惜我不会松土；接着它又走啊走，看到蚂蚁在搬运粮食，它心里想，就连这么弱小的蚂蚁都能搬运粮食，那我又能做什么呢？正当它感到灰心丧气时，突然看到一棵大树一副痛苦不堪的样子，还不时地发出呼救声。啄木鸟仔细一看，原来树中有许多害虫。大树请求啄木鸟帮其捉害虫，于是，啄木鸟很快速地就把害虫捉完了，它得到了大树的感谢和表扬。"

妈妈接着语重心长地说道："所以，每一个人都会有他特定的作用，只要他坚定地去寻找目标！"

"妈妈，也就是说，我也一样可以做一个有用的人，是吗？"她扑闪着一双明亮的大眼睛问道。

"当然了，你将来一定会成为对社会有用的人！"妈妈不住地点头。

这时，小女孩看到，树下有一只单腿的小鸟正要展翅高飞。她正看得入迷，有一滴露珠从树叶上落到了她的手上，她思索了一会儿，说道："妈妈，我要是将它放进旁边的这条小溪里，它是不是就会流入大海呢？"

"嗯，是的。宽广的大海正是由无数的小水滴汇集而成的。你要相信积少能成多，一次次的累积就会走向成功。"妈妈回答道。

"嗯！"她重重地点了点头，从轮椅上下来，在妈妈的搀扶下，将水滴放进小溪里。

后来，她坚持不懈地练习，最终获得了舞蹈大赛的多个奖项，她还开办了自己的舞蹈工作室，教很多孩子跳舞。

所以，何必苛责孩子不如别人呢？每个人都有他独特的作用，与他人比较会打击孩子的自信心。而善于发现和保护孩子的天赋，有效地鼓励和支持才能让孩子的天赋真正得到发挥。

父母善于发现和鼓励，孩子身上独特的光就会散发出来，不是吗？

不剑拔弩张，做以柔克刚的父母

有位家长跟我说，她正在上初二的儿子，最近就像是吃了火药一般，惹不得。

这位家长说，儿子最近一改以往的乖巧，变得很容易生气。他的妹妹不能惹他，妈妈也不能啰唆，全家人现在没有得到他的允许，都不能进入他的房间。可是儿子最近学习成绩又下降得厉害，中段考甚至有一门没有及格。还有一次情绪糟糕到极点，跑到厨房去拿起菜刀说要自杀。

那次说要自杀的情景是这样的：母子两人去超市，妈妈想着儿子喜欢吃麻辣食品，平时却不允许孩子买来吃，那天就想偶尔要满足一下孩子，打算买一包给孩子吃。孩子当时看到妈妈对自己那么好，一时心里生起内疚，说不用买，其实自己每个星期都会买一包吃。

妈妈当时一听这个话，就极度地愤怒了，责骂孩子竟然欺骗父母，竟然背着父母偷偷地买来吃。回家后再把事情告诉爸爸，爸爸一听也怒了，然后父母两人开始新账旧账一起算，将孩子说得一无是处，最后说到孩子学习不知道努力，考试成绩这么差，要给孩子转学到乡下去读。孩子听到这里时，实在受不了了，就拿起菜刀，说："到乡下读书，还不如让我死了算了。"幸亏爷爷奶奶这时回来了，制止住了孩子，才避免了悲剧的发生。

有很多家长和学校的老师都给我同样的反馈，说初二是最令人头疼的时期。青春期的孩子开始变得躁动。这一时期的孩子，不能过度责骂，否则很容易出事。轻则有些孩子不愿跟父母沟通，重则从此变得郁郁寡欢，甚至有离家出走，跟一帮叛逆少年滋事斗殴，或是自杀等最糟糕的状况。

　　面对青春期的孩子，父母要想对孩子实施教育，最好能够跟孩子平等对话，遇到孩子做错了的地方，要能够心平气和地跟孩子进行分析。而不是因为一点小事，就对孩子大发雷霆，批评不止。如果父母是易怒的，又如何能要求孩子有一个好的脾气呢？

　　还有这样一个案例，也是初二的学生，因为喜欢玩手机，父母对此很是焦虑。孩子每天早上起床后，就开始找手机，一边上厕所，一边听音乐；傍晚放学回来，也是先看一下手机，刷一下微信和QQ；吃完晚饭写作业，写着写着又说有不会的，要用手机上的软件帮忙；洗澡的时候，要拿手机放音乐……总之，在家里，就是无时无刻都要手机陪伴着。

　　对这个孩子，母亲总是苦苦地哀求："孩子，别看手机了。"孩子每次都回应："再看一会儿，再看一会儿就不看了。"再过一会儿，母亲再求，孩子再回应，可是手机还是没有放下。到后来，母亲实在忍无可忍了，只好厉声呵斥，这时，却遭遇了孩子的暴怒回应。

　　对于这样的孩子，似乎软硬都是不行的。太软了，孩子根本觉得无须听；太硬了，孩子会反弹。那最好的办法是什么呢？其实，是要用满满的爱以及带着坚定的语气去对待他。满满的爱，是每天孩子回家，关心孩子在学校里过得怎么样，关心孩子喜欢吃什么，多给孩子准备他爱吃的东西，每天多看孩子做得好的地方，在他做得好的方面多鼓励，而不是每天想着要揪住问题不放。把孩子好的一面挖掘出来，肯定孩子做得好的一面，孩子自然更爱做好的方面，孩子做得不好的一面慢慢也会减弱。用坚定的语气，就是每次跟孩子沟通时，不是带着内心的焦虑，而是以安定平和的状态告诉孩子，什么时候什么事情可以做，什么时候什么事情不可以做。父母越是带着爱的坚定，孩子越是不会违反规则。当父母做好了这两点后，孩子自然更愿意与父母沟通，这样父母就可以管理手机了，孩子自然也不会沉溺于玩手机。不光是玩手机的问题，其他问题也可以依此化解。

　　最闹腾的初二时期，是最锻炼父母的时候。父母切不可因为孩子一时情绪上来了，而对孩子横竖看不惯，也不要总想着压制孩子的情绪，情绪宜疏不宜堵。对于孩子撒的一点不得已的谎言，也不要大发雷霆，进而过度刺激孩子，更不要因此就不给孩子台阶下。对于玩手机或是其他行为问题，做父母还是需要多审视自己，看看自己有没有以身作则，自己是否能够做到不在孩子面前看手机呢？

不和孩子剑拔弩张，做以柔克刚的父母，甚好。

请不要对爱自由的孩子过多批评

一

俊是一个爱自由的男孩子。他的思想自由奔放而思维又活跃。有很多老师喜欢他的个性，却也有很多老师不喜欢他的个性。于是，俊在学校里要么被一些老师夸奖为非常棒的孩子，要么被一些老师批评得一无是处。

俊遇到喜欢的事情会很开心地去做，要是不喜欢的事情，老师鼓励一下，他也会很开心地去做好；要是遇到不喜欢鼓励学生的老师，训斥他再不喜欢也必须去做好时，他就会满肚子不开心，提不起劲去做，结果因没有做好，又遭到老师更多的批评。

上小学时的俊，在学校遇到了不开心的事情，回来后会跟妈妈说。妈妈会开导他，他便又能恢复到开心的状态，加之小学时候的作业少，学习任务没有那么繁重，妈妈也给俊更多的自由。

上初中后，俊觉得自己是个大人了，有了心事也不爱跟妈妈说，而他的班主任喜欢以批评的方式来教育学生，只要俊有些方面稍微没有做好，老师便会严厉批评；管理宿舍的生活老师对于宿舍物品的摆放也有许多的要求，俊偶尔没有摆放好，也会被严厉惩罚、扣分，哪怕俊只是一个中午在那里的半宿生。

于是，俊有了越来越多的不开心，而他都只是压在自己的心里。慢慢地，俊变得爱发脾气，也不遵守妈妈给他定的一些"家规"，妈妈也越来越爱批评俊了。俊喜欢上了看手机。一有空闲，俊就会看手机，但俊看手机并不是迷恋游戏，他喜欢听音乐、聊 QQ，只是偶尔才会玩一会儿游戏。妈妈只要看到俊玩手机，就会变得很焦虑，于是想要控制不让他玩，俊说必须得玩，两人时常陷入僵持……

有一次，俊对妈妈说："您知道现在的初中生压力多大吗？为什么自杀人群中有众多的初中生？就是因为他们的压力没有地方释放。"俊顿了顿又接着说："很多初中生家长不明白他们孩子内心的需求，不理解孩子，还总是挑剔批评孩子；有的老师又一个劲地要求他们学习，打压他们的兴趣爱好，只追求成绩和升学率；生活老师又对学生有诸多要求；同学之间互相竞争，甚至有的同学互相嘲讽……身为初中生，很多时候我倍感煎熬，您知道吗？"

妈妈听到这里妥协了。是的，每一个人的压力必须要有一个出口去释放，况且俊用手机并不是沉迷游戏，更多时候是在听音乐。俊说，他不希望自己像有些同学那样早恋，而吉他和音乐是他的"女朋友"，所以，偶尔弹一下吉他和偶尔用手机听一下音乐是他需要的。是的，一个人总得喜欢一点什么，否则，生活岂不是太无趣了？我们成人都知道这个道理，但有时忘记孩子也需要这样。

尹建莉老师说："自由的孩子最自觉。"人本主义心理学派认为每个人都是值得被信任的个体，如果一个人被充分信任，有足够自由的话，那么他不可能变成很坏的一个人。当然，还有一个前提是他得有一个良好的家庭环境。如果父母与孩子关系良好，行为举止端正，这个孩子根本就不会变坏。

所以，如果一个爱自由的孩子，在学校里受到了太多的限制，那么在家里可以允许自由一些，这样他的身心才会比较健康。

妈妈最后跟俊协商，每天俊写完作业后，有半个小时的自由支配时间，这个时间由俊自己安排：看手机或是做其他的事都行。每个周末还有半天时间归俊自由安排。妈妈始终相信俊是一个积极向上、好学的孩子，俊也没有让妈妈失望，成绩稳步提升。后来，俊说看手机也没多大意思，有时还会主动陪妈妈散步，或者让妈妈陪他打一会儿球。

爱自由的孩子，思维活跃，不喜欢循规蹈矩，喜欢创新，甚至会挑战老师的权威。这样的孩子，在学校是很容易受到批评的，孩子面对的压力会增加。面对这样的孩子，做父母的在家里要给予孩子更多的关爱、给予孩子更多的情感温暖，不然，孩子很难有力量去活出自己。

这样的孩子，如果父母也都去批评与指责的话，他的能量就将全部用在对抗这些让他不舒服的部分，就没有能量去更好地发展自己的优势。如果父母能够停止过多的批评与指责，那么，孩子就能慢慢找回力量，从而能够更好地适应学校。

俊在家里享受到了他想要的自由之后，就像是每天给他的心灵补充了能量一样，他慢慢变得更加能够适应学校的一切了，与老师、同学的关系也进入了良性循环的状态。

纵观世界，往往是爱好自由，敢于发出自己的声音的人在创新及带动世界的发展，而规规矩矩、甘于按部就班的人也就是在维持世界目前的状态而已。所以，无须总是批评爱好自由的孩子。有些规矩确实需要孩子去遵守，但是规矩太多，孩子很多美好的天性也就被限制住了。

请用微笑面对青春期的孩子

阿文是一名老师，面对青春期的孩子，她感觉一天比一天头疼。

暑假带着孩子出去旅游，孩子一路上吵着要玩手机，不给他吧，他就一路上制造难堪的场景：要么说肚子疼走不了，要么只要看到有别的小孩在玩手机就大声地抗议、吵闹。

在家里要孩子写作业时，孩子就要求先看一会儿电视。阿文只好厉声呵斥："不是说了星期一至星期五不能看电视吗？"

孩子却也回以厉声："这规定是你定的，不是我定的！"

告诫孩子不能喝可乐，孩子却经常在放学回家的路上买上一瓶。

……

凡此种种，令阿文疲惫不堪。而她的脾气也变得日益暴躁，每次面对孩子都是怒目相向。在外人面前，也不敢谈及孩子，因为自己是一名人民教师，却对自己的孩子无能为力，她感觉自己的教育似乎太失败了。

青春期的孩子，已经是要开始挑战权威了。所以，面对这个时期的孩子，父母越是以权威的状态去面对，孩子就越会反抗得厉害。再加上处在青春期阶段的孩子，本来就有这样一些特点：

1. 心理上的成人感与半成熟现状之间的矛盾；

2. 心理断乳与精神依赖之间的矛盾；

3. 心理闭锁性与开放性之间的矛盾；

4. 成就感与挫折感的交替。

这样一些特点，使得孩子一方面觉得自己已经是一个成人了，想要独立；另一方面，他的实际能力又还没有达到。孩子本身会因为这些因素而变得烦躁不安，如果父母没有认识到孩子正处于一个艰难的阶段，没有理解孩子，更没有注意到孩子内在的需求，那么孩子势必会对父母产生逆反心理。

是不是所有青春期的孩子都会叛逆呢？却也不尽然，关键看父母是否用对了方法。阿丽的孩子一直是别人孩子学习的榜样，在外人眼里是品学兼优的孩子，高考时考上了国内一所名牌大学。阿丽说自己的孩子几乎从来没有叛逆过。她仔细回忆说，孩子在青春期时情绪不好的时候是有的，偷偷地玩手机、玩电脑的时候也是有的（品学兼优的孩子也会干这事，可见这是每个孩子的共性），不过，他们夫妇从来没有因此对孩子大发雷霆，而是在发生这些事情的时候，和蔼地接纳孩子，并半开玩笑地跟孩子说："你是不是又忍不住玩了一下？"

紧接着，阿丽夫妇会以身作则，自己坚决不在孩子面前玩手机，除了不玩手机游戏，就是微信之类的也不在孩子面前看，总之，就是不在孩子面前总是拿着手机；另外，每当阿丽夫妇要去上班时，不得已要把孩子一个人留在家里，阿丽夫妇采取的办法是将电脑锁起来，回家后会允许孩子玩一个小时。

阿丽夫妇的做法，有很多值得学习的地方。比如当孩子生气的时候，不对孩子恶言相向，而是温和地接纳、微笑面对；比如发现孩子偷偷地玩了游戏，不严厉惩罚，而是把父母自身能做的尽力做好。

不能否认，青春期的孩子确实会比较令父母头疼，除了逆反，他们还爱标新立异。但是"逆反"其实也是父母给孩子扣上去的一顶帽子，如果站在孩子的角度，孩子是不是也会觉得："为什么我的父母就总是和我对着干呢？为什么就不能尊重一下我呢？"

其实，从内心深处来说，每个孩子都喜欢听父母的话，关键看父母怎样说；每个孩子都愿意接受父母的教育，关键是父母怎样教育；每个孩子内心深处都是愿意跟父母沟通的，关键是父母怎么跟孩子进行沟通。如果父母对待孩子总是怒目而视，又怎能期待孩子对父母态度会好呢？

当父母看到孩子有这样或者那样的行为时，不以发怒的状态去面对，而是先倾听孩子，了解其内心的需求，并且与孩子商定双方可以接受的方式，然后，双方去遵照执行即可。

处在青春期的孩子，最受不了的是父母凡事以责骂的方式去对待他，不顾及他的感受。当我们微笑着与他商量事情时，并且始终以爱为前提，那么，你会发现孩子也就不爱逆反了。

阿文在调整自己的状态后，不再暴怒地面对孩子，同时站在孩子的角度，考虑孩子的需求：允许孩子一定时间内与电子产品接触，允许孩子可以偶尔喝他喜欢喝的饮料。从这以后，阿文发现孩子已经不逆反了。

作为青春期孩子的父母，你有多少时候是微笑着去面对孩子的呢？

如何纠正孩子不恰当的行为

什么是孩子不恰当的行为呢？不：否定词。恰：恰巧，恰好。当：无愧。从字面来理解，似乎不恰当的行为是孩子很不好的表现。然而在《孩子行为背后的目的是什么》这篇文章当中，我跟大家分享了每一个不恰当（简称不当）行为背后都有一定的目的。从目的看，我们似乎也不应该判定孩子的不恰当行为就是不好的行为，充其量，不恰当行为大概也只能说是我们父母不喜欢的行为。

不过，还是有很多父母想知道哪些方法可以纠正孩子的不恰当行为。

一

很多家长会来跟我说："我的孩子就是爱赖床，每天催促好几次都起不来。有时我叫他起床，他还发脾气。有些时候，我真不想叫他起床，可是不叫吧，他又会迟到。"

这大概也能算是孩子不恰当的行为。这时，我往往会跟家长建议，那就让孩子迟到试试看吧，这样他下次就会长记性了。可是，我也知道，很多父母是不敢放手试试看的。如果试一两次，有可能孩子真会迟到，这时，父母就已经焦虑得不得了，如果这个时候再接到老师一通责备的电话，就更加受不了。

于是，父母只能每天重重复复、拼了命地催促孩子起床。这样催促孩子起床的结果是孩子非常不耐烦，孩子的情绪每天一大早就变得糟糕，而亲子关系也会随之变得糟糕。

大部分不敢放手让孩子管理自己的父母，都是焦虑型的父母。总是担心孩子这个做不好，那个做不好。总是不断地要盯着孩子，生怕孩子出一点差错。但人生成长的道路上，哪能一点差错都不出呢？人生之路是如此漫长，父母不可能永远陪伴孩子。所以，做父母的要学会引领与促进孩子的成长，而不是代替孩子的成长。

孩子要起床上学，这是孩子自己的事情。父母只需要提醒孩子，让孩子对自己负起责任，同时放下焦虑，相信孩子能够做好，这才是让孩子不迟到的关键。

铭铭的妈妈一开始也是每天早上都要催促孩子起床，等孩子到了可以自己上学，不用再接送时，铭铭妈才觉得一直这样催下去不是个办法。于是，给孩子买了闹钟，告诉孩子该自己起床了。孩子一开始也答应，可是不到两天，又起不来了。

我问铭铭妈："当孩子到了该起床的时候，你和他爸起来了吗？"

铭铭妈回答说没有，因为夫妇两人自己开店，工作时间比较自由，又不用送孩子上学了，所以一般不用那么早起床。

可以试想一下：如果一个家庭当中，父母每天很晚起床，却希望孩子自己很早起床，这有多大的可能呢？身教重于言传，父母没有做到的事情，要让孩子去做到，这岂不是奢求？

当铭铭的父母每天都很早起床后，发现孩子也真的能做到按时起床了。其实，我们做父母的不过度焦虑，不总是担心孩子做不到的时候，孩子往往都能做到。并且我们做父母的真正做到以身作则时，希望孩子做的，孩子往往也能做到。不当行为转变为恰当的行为，就在于父母自己的做法。

二

有这样一位父亲，每次出门时，总想着要管好自己的儿子。例如，孩子出门时，总是挑一些不是路的地方走。经过小区花园，孩子偏偏就要走在 20 厘米高的、巴掌宽的那一圈花园的砌边上，孩子走在上面摇摇晃晃，感到很有乐趣，但这是父亲所认为的不恰当的行为。这位父亲一声怒吼："快下来，再不下来我揍你！"又或者说："你再不下来，就要摔死你了！"孩子听了，只好愤愤地下来，又有些时候是真的被父亲的一番话语吓得掉下来。可是，就算这样，孩子却丝毫没有改变这一做法，每次出门还是这样。

还有一些父母，诸如不允许孩子玩吹泡泡，不让孩子玩泥巴，不让孩子爬高，不让孩子跟更多的人接触，认为这些都是不恰当的行为。殊不知这样下来，孩子少了多少人生乐趣。

而我们做父母的，一旦这样不断地限制孩子的时候，内心的难受就会出来，因为很多时候孩子是不服这样的限制的，孩子还是会逆着来。可是，如果我们换成一种享受的姿态，比如孩子要走那不好走的一条砌边时，我们跟他一起在上面走，我们跟他一起去体会这种摇摇晃晃，要时刻小心行走才能不掉下去的感觉，这个带给孩子的是一种成功和开心的感觉，我们可以跟孩子一起处在这样一个快乐的状态里；比如孩子要玩吹泡泡，我们可以跟他一块吹，一块去追那美丽的泡泡；比如玩泥巴，我们可以跟他一起撸起袖子，去捏出各种形状……还有什么比这些其乐无穷的画面更享受的呢？当我们这样做的时候，又何来对孩子"不恰当的行为"的评价呢？

三

有一位妈妈在我们的父母沙龙中说："正在上小学三年级的孩子偷了家里

的一千元，该怎么解决孩子这一不好的行为呢？"

当时，参加沙龙的父母听了都觉得有点吃惊，怎么这么小的孩子敢偷家里那么多钱。细问下，原来事情是这样的——

这个家庭有一个放零花钱的地方，父母告知孩子，如果确实需要用钱时，可以从这里拿。平时父母一般会放几十元在那里。虽然父母平时会放零钱在那里，但是孩子几乎也没有拿过那些钱。

有一次，妈妈的一位朋友家里有困难，他们便送去两千元。当时就觉得是送给朋友的，没有想要朋友还，但朋友之后资金周转过来了，就到家里来还他们两千元，他们觉得这个朋友还是需要用这些钱的，就推辞不接，朋友便放下就走了。这一幕孩子看到了。后来，他们就随手把这两千元放在那个放零钱的地方。再过了几天，他们就发现少了一千元。仔细检查，家里也不像是进了贼，这个家里还有一个正在上初中的哥哥，但是哥哥平时住在学校，这几天都不在家里。于是，确定是孩子偷了。

当父母审问这个正在上三年级的孩子，问是否偷了钱，并告知偷了钱是犯法时，孩子被吓到了，不敢承认。最后，父母说，如果是他偷的，就不报案，否则他们就要叫警察来了。孩子这时才说出是他拿了家里的钱。

我们来看一下，父母的用词是"偷"，而孩子觉得是"拿"。我倒是更认可孩子的这个说法。孩子说"拿"是有一定的道理的。首先，父母早有声明"这个地方放的钱，如果确实需要用钱时，可以从这里拿"；其次，孩子当时看到父母推辞说不要这些钱，孩子就以为父母真的不要这些钱了，所以自己可以随便拿去花；再次，孩子知道哥哥每个月住校有一千元的生活费，他就觉得自己也可以拿一千元。

那面对这样的情况怎么办？其实也很简单，父母需要把规则立好，要明确告知孩子每次拿钱时，拿多少是可以的，拿了之后还要及时告知父母并说明用途。如果父母确实担心孩子一下子拿这么多钱不合适，那父母就最好不要把这么多钱随意放在孩子可以轻易拿到的地方。

四

现在的父母大多都不喜欢孩子玩手机或是电脑游戏，会觉得这是孩子的不恰当的行为。

我们先来看一下为什么现在的孩子都爱玩手机，这其实是一个大环境的影响。社会发展至今，几乎每个人都离不开手机和网络。大人整天在看、在玩手机，却期望孩子不看、不玩手机，这是很难的。所以要让孩子这一行为改变，最简单的方法就是父母和其他家人都不在孩子面前玩手机或是玩电脑游戏，如果全家人在一起时，父母都是在看书，孩子也见不到手机，那孩子自然也不会想看手机，也会想看书。

还有的父母跟我说："我们也很少看手机，可是孩子却经常偷偷地看手机。"在我的细问下，这样的父母会说出自己根本没有时间陪伴孩子。这其实是属于父母没有足够关注孩子，而孩子对父母有爱的需求，又不可得，孩子就将他的心理力量投到玩网络游戏上去了。针对此类问题，只要关注孩子，给孩子充分的爱，多陪伴孩子进行一些丰富多彩的家庭活动，便容易解决。

想来想去，我总觉得孩子不恰当的行为也没有很多（关键是父母如何去看待孩子的行为），以上是我遇到的比较典型的案例，如果说父母们觉得还是需要一些方法，那我个人觉得最简单有效的方法就是全家一起制订一些行为习惯准则或者家规共同遵守。有了明确的准则，孩子自然明白什么样的行为是恰当的，什么样的行为是不恰当的，再加上父母的身体力行，这样氛围里的孩子又何须担心不会学好呢？

父母不要用看问题孩子的眼光去看待孩子，放下自己的焦虑，解放自己内心的担忧，多相信孩子，这样，孩子往不恰当的方向发展的可能性也就小了。

孩子犯错，你会怎么做

如果做一个调查，问这个世界上有没有十全十美的人。大家肯定会说："没有。"有没有人是一辈子一点错都没有犯过的？大家肯定也会说："那也没有。"要知道，人的一生，总是难免犯错，我们是这样，我们的孩子也是这样。

但是，我们虽然知道每个人都会犯错，却仍然有很多的父母，很难对孩子的犯错宽容。但这也不能完全怪我们。为什么这样说呢？因为从小犯过错误的我们经历过父母的严苛对待，无形之中我们会从父母身上复制对待错误的方式。因此，当我们今天成为孩子的父母时，也会不自觉地按照自己父母当初对待我们的方式去对待孩子。

当然，如果我们有了一些新的认知，我们就有可能终止以往的错误方式。

一、孩子犯错，你会怎么做

大多数的父母，在孩子小的时候，如果孩子犯了一点错，可能不会生气，甚至会觉得孩子可爱。比如给孩子换尿片时，孩子反而尿到父母身上；比如孩子抓着纸巾弄得满屋子都是，等等。这个时候，我们不会生气的原因，大都是觉得孩子还小，还不懂事。但是进入小学以后，我们对孩子的要求就会突然提高，觉得孩子有很多事都应该能做好，我们总觉得孩子不该犯这样或那样的小错。上了初中后的各种错误就更加难以忍受了，当然，这个时候的孩子也更加叛逆了……

有的家长甚至把青春期孩子的犯错当成精神病，把孩子送往精神病院去治疗。这绝对不是危言耸听，而是真实的事情，我见过这样的案例。

令人很困惑的是，我们有些父母总是不停地想要修正孩子犯下的错误，可是为什么结果却总是不太理想呢？事实上，有很多父母首先考虑的是成年人自己的方便和利益，并不是真的在为孩子着想，只要孩子学习好、身体健康、听话就好。孩子的快乐、意愿、探索与创新精神并不重要。也正因为如此，不快乐的孩子占了大多数。我们能够原谅婴幼儿时期孩子的不懂事，却浑然不觉小学和中学的孩子"犯错"依然也是因为不懂呀！

我们很希望自己的孩子是乖巧的孩子，从来不犯错。可是，不犯错的孩子真的就是最杰出的孩子吗？我们可以看到，社会上那些比较有成就的人，他们小时候其实都不是那么乖巧的。那些很乖巧、很少犯错的孩子，他们长大了也只会听话，几乎是不懂创新，不敢做决断的人。

很多的父母，用了错误的方式去对待孩子的"犯错"，却不知道犯错的背后，也有着给予孩子生命的礼物。

二、犯错是孩子成长的必修课

人有时很奇怪，往往对于自己的错误能够找到理由，却总是很难容忍他人的错误，尤其是孩子的犯错。如果我们认为孩子犯错给我们带来了麻烦，造成了难堪，打破了权威，那么我们自然就很容易对孩子发火，甚至惩罚他们。

然而，如果我们能够透过问题表面，看到孩子犯错背后的正面动机（其实，孩子通常都不会故意犯错，往往都有一定的原因），那么我们就更容易理解孩子的行为，并且发现那只不过是由于孩子暂时缺乏经验、知识、技能以及自控能力，或者更多的是来自他的好奇心使然，这样，我们就可以冷静地引导他们通过更为恰当的方式去达到目的。

我们来看著名教育家陶行知与朋友小孩的故事。朋友家的小孩因为拆了一块表，被朋友打了一顿。陶行知说："这样做是把中国的爱迪生打没了。"

而陶行知的做法是知道孩子拆表并不是故意搞破坏，知道孩子是好奇，是想探索出为什么表会响，所以陶行知就满足孩子的这些动机。

陶行知先生不但说不该打骂孩子，还带着孩子去看修表师傅怎么拆表、怎样让表发出响声、怎么装好表，并且又买了一块表给孩子去拆装。所以，在陶行知看来，这个拆表的"错误"，就是孩子多了一次学习的机会。

从陶行知与朋友小孩的故事我们可以看到：行为上孩子是犯了一个拆表的错误，而实际上孩子行为背后的动机是想要探索这个表为什么会响。表面上是孩子做错了，而深层的东西是孩子在求知、在探索。

有一篇文章叫作《畏惧错误就是毁灭进步》，这是对社会进步来说的。其实对于教育小孩子，同样可以说畏惧错误就是阻碍成长。如果孩子小的时候不犯错误，那么他就很难真正理解错误行为和结果之间的关系，以及应该采取什么样的正当行为。因此，孩子弄坏东西，让他有机会学会修正、爱惜和怜悯；孩子与别人争抢东西，让他有机会学会处理人际矛盾；孩子作业与考试掉分了，让他能够明白还有哪些知识掌握得不够牢固；孩子与父母对抗，让他有机会学会怎样据理力争……

犯错是孩子人生的必修课，只有修够了一定的学时，他才能够真正获得举一反三、自我反思、自我完善、自我建设的能力。

三、父母该怎么正确应对孩子犯错

父母不用过度去惩罚孩子的错误，而是应该做好这三点：1. 接纳孩子已经犯下的"错误"；2. 了解其背后的动机；3. 引导与启发孩子以后可以怎样做。这样一来，孩子往往不会再犯类似的错误。

还有些父母喜欢当众批评孩子的错误。英国教育家洛克有这样一段关于孩子自尊的话："父母不宣扬子女的过错，则子女对自己的名誉就愈看重，他们觉得自己是有名誉的人，因而更小心地维持别人对自己的好评；若你当众宣布他们的过失，使其无地自容，他们便会失望，而制裁他们的工具也就没有了，他们愈觉得自己的名誉已经受了打击，则他们设法维持别人的好评的心思也就愈淡薄。"

所以，我们不但不应该用过度惩罚孩子强化他们的过错，反而应该小心谨慎地保护和培养他们的自尊。

有一本特别适合为人父母者用来学习、审视自我教育以及如何对待孩子犯错的好绘本《爱德华：世界上最恐怖的男孩》，主要讲述了小男孩爱德华从"世界上最恐怖的男孩"变成"世界上最可爱的男孩"的过程，下面我们就来欣赏一下其中的部分内容：

> 爱德华是一个普通的男孩。他早上起床，穿衣服，吃早餐，去上学，玩游戏，吃晚餐，然后上床睡觉。
>
> 有时，爱德华会踢东西。"爱德华，你很粗鲁，老是乱踢东西，你是世界上最粗鲁的男孩。"从那天起，爱德华就变得越来越粗鲁了。
>
> 和许多小孩一样，爱德华常常制造噪音。"爱德华，你太吵了，你是世界上最吵闹的男孩。"从那天起，爱德华就变得越来越吵闹了。
>
> 一天又一天，一周又一周，一月又一月，爱德华变得越来越不爱干净、野蛮、脏乱、邋遢、吵闹、恶劣、粗鲁和笨手笨脚的。直到有一天，他们说——"爱德华，你是世界上最恐怖的男孩。"

7岁以前的孩子主要根据他人的评价来判断自己，当他总是被贴上负面的标签，他也会逐渐认同，并成为那样的人。如果我们试着换一个角度来看待孩子的行为，那么情况很快就会有很大的不同。

我们接着看爱德华这个世界上最恐怖的男孩，后面的命运怎么奇迹地变化了。

有一天，爱德华又踢飞了一个花盆，它飞过一段距离掉在地上。花盆的花继续开着。"爱德华，我看见你种的花长得很可爱，你应该多种一些植物啊！"爱德华很会种花，因此大家都请他到家里的花园帮忙。

顽皮的爱德华提着一桶水，等小狗走过来时，马上把水泼向它。"爱德华，谢谢你帮我把这条浑身都是泥巴的小狗洗得干干净净。你对动物很有爱心。"大家都请爱德华来照顾自己的宠物，帮宠物洗澡。

有一天，在学校，爱德华重重地推了小艾一下。就在这时候，教室里的灯掉下来，正好砸在小艾原来站着的地方。"谢谢你救了小艾，你是反应迅速的男孩，也请你好好照顾其他小朋友吧。"从那天起，爱德华细心地照顾每个小朋友。

有时，爱德华还是有一点点儿不爱干净、野蛮、脏乱、邋遢、吵闹、恶劣、粗鲁和笨手笨脚的。不过，爱德华真的是——世界上最可爱的男孩。

爱德华从最恐怖的男孩变成了最可爱的男孩，原因就是大家对于他做的事情有了不同的解读，有了正面的视角。虽然现实中这种奇迹并不多，但是如果我们想让身边的"爱德华"变得好起来，还是可以办到的。有一位教育家就曾经说过："教育孩子，除了鼓励，我不知道还有什么办法。"鼓励是关注孩子在过程中的努力，是对孩子实实在在的肯定。

所以，孩子有时犯错并不可怕，可怕的是作为父母的我们认定孩子就是那样糟糕的一个人。如果我们从孩子犯错背后看到他积极正向的一面，并且去肯定这个积极面，孩子往往就能变得积极阳光。

真的是孩子最需要改变吗

不时地，会遇到一些父母来跟我说这样的话："黄老师，我的孩子有很多问题，麻烦您帮我改变一下孩子好吗？"我有时会笑着回应他们："说不定需要被改变的是你们自己哦！"

是呀，改变孩子或是改造孩子，这是很多父母喜欢干的事情。可是，真的是孩子最需要改变吗？每一个问题孩子的背后，往往都有一个待提高的父母。

小菁是一个从小学习特别好的孩子，也考上了一所重点高中。可是上高中后，因为在尖子班，所有的同学成绩都好，于是，小菁开始焦虑起来，她担心自己不再是父母心目中优秀的孩子。而父母看到她焦虑的样子，不但不理解，反而埋怨她不应该担心，怪她的担心是浪费时间，不知道好好学习；在她成绩波动时，还指责她不知道上进。

对于小菁的父母，我跟他们说："孩子去到一个全是优秀同学的班级，这时的焦虑是一种正常现象，她需要的是你们的理解、接纳、鼓励，而非指责。"

我曾经在网络上看到过这样一个故事：

有一个精神病人，以为自己是一朵蘑菇，于是他每天都撑着一把伞蹲在房间的墙角，不吃也不喝，像一朵真正的蘑菇一样。

心理医生想了一个办法。有一天，心理医生也撑了一把伞，蹲坐在了病人的旁边。病人很奇怪地问："你是谁呀？"医生回答："我也是一朵蘑菇呀！"病人点点头，继续做他的蘑菇。

过了一会儿，医生站了起来，在房间里走来走去。病人就问他：

"你不是蘑菇吗，怎么可以走来走去？"

医生回答说："蘑菇当然可以走来走去啦！"病人觉得有道理，就也站起来走动。

又过了一会儿，医生拿出了一个汉堡包开始吃。病人又问："你不是蘑菇吗，怎么可以吃东西？"医生理直气壮地回答："蘑菇当然也可以吃东西啦！"病人觉得很对，于是也开始吃东西。

……

几个星期以后，这个病人就可以像正常人一样生活了，虽然，他还是觉得自己是一朵蘑菇。

其实，当一个人出现问题的时候，他不需要训诫，他需要的只是能有一个人在他身边蹲下来，陪他做一朵蘑菇。这个工作，心理医生可以做，而父母更是可以做。

小霞不肯上学，还不时地焦躁或是抑郁。而她的父母正在闹离婚。小霞不想父母离婚，而她不知道该怎样去挽救父母的婚姻，于是，出现了各种状况。

小志在父母眼里是一个特别叛逆的孩子，父母打他，他也打父母——他是一个从小被打到大的孩子。

作为心理咨询师，我可以协助小霞和小志慢慢走出心理的创伤，但是，小霞和小志问题的根源都在父母，要改变的首先是父母。当孩子出现问题时，父母首先需要想的是："我怎么了？我哪里出差错了？我可以怎样调整自己？"

很多时候，父母做好自己，孩子自然就好好地做自己了。有一位妈妈参加我们的沙龙时，她说正在上初中的孩子上课经常瞌睡，她经常接到老师的投诉，她觉得很无奈，不知道该怎么办。末了，这位妈妈又说，尽管这样，孩子的成绩在班里还是名列前茅，因为孩子课后还是会很认真地学习。

我们和她一起分析孩子瞌睡的原因，她说孩子每天也会很早（夜里 10 点半左右）上床睡觉，早上 6 点半起床，这样算起来，孩子的睡眠时间还是够的，但孩子说睡得不够踏实。

于是，在场的各位爸爸妈妈纷纷支着儿，有的说可能脾胃虚弱或是湿气重，可以给予饮食调理，有的建议可以找某个中医开药方……这位妈妈觉得有道理，说不妨试试。而我跟这位妈妈说的是："青春期孩子夜间睡眠不踏实，通常属于正常现象。因为青春期孩子机体代谢旺盛，各种激素水平未达到平衡状态，可能会出现烦躁、全身发热或心率过快表现。另外，青春期的孩子会出现毛发变重、声音变粗、喉结生长及性器官发育等生理变化，同时也会造成心理波动，也可能导致夜间睡眠不好。"

所以，我给这位妈妈的建议是：首先，以一个稳定的心态去接纳孩子的这一状况，然后，可以跟孩子多聊一聊他对此的看法和想法，再鼓励孩子多运动（因为运动可以疏解内心的不适，同时造成身体疲惫有利于睡眠）。

自那之后，这位妈妈虽然也做了一些饮食调理和让孩子吃了中药，但孩子上课还是有时瞌睡，她也没有因为老师投诉孩子上课睡觉而指责孩子，而是按我说的方式去调整自己的心态，她从很不喜欢孩子这一现状，调整到接纳孩子的这一现状，并且信任孩子也想要改变这一状况（因为跟孩子沟通时，孩子说了自己也想好好听课，就是不知道怎么就犯困了），她相信孩子瞌睡的问题一定会得以解决，哪怕最终解决不了，她也觉得没有关系。带着这样的接纳与坚定的状态，她只是去做好一个妈妈该做的角色：做好日常生活的照顾，偶尔跟孩子聊聊天，其他时间，自己该干什么就干什么，并且不再对孩子焦虑。几个星期之后，孩子就不在课堂上瞌睡了。

由此，我们可以知道，孩子出了状况，不是该着急地去改变孩子，而是父母该如何做好自己。做好自己，这其实是每一个父母应该践行的原则。

在我的父母课堂中，我经常会跟各位父母分享震撼世界的一块墓碑，碑文写的是：

当我年轻的时候，我的想象力从没有受到过限制，我梦想改变这个世界。

当我成熟以后，我发现我不能改变这个世界，我将目光缩短了些，决定只改变我的国家。

当我进入暮年后，我发现我不能改变我的国家，我的最后愿望仅仅是改变一下我的家庭。但是，这也不可能。

当我躺在床上，行将就木时，我突然意识到：如果一开始我仅仅去改变我自己，然后作为一个榜样，我可能改变我的家庭；在家人的帮助和鼓励下，我可能为国家做一些事情。然后谁知道呢？我甚至可能改变这个世界。

是的，如果面对孩子的状况，父母想的是先改变自己，然后作为一个榜样，就会进而带动孩子的改变，那么一切问题就会变得简单起来。中国也有句古话："其身正，不令而行；其身不正，虽令不从。"

有一位叫白永旗的母亲，在她的女儿连续参加了两年考研，但是两次考研均落榜之后，为了鼓励女儿，她自己也加入了考研的队伍。

白永旗是医院的护士长，平时工作很忙，她就利用工作之余学习。为了备考，她走路时会听网课，上厕所、等红绿灯以及朋友聚会等场合，她也会学习。总之，她为考研制订了严格的学习计划，并把时间利用精确到了每一分每一秒。

最终，虽然她仅为考研准备了两个多月的时间，但她还是以优异的成绩被西南医科大学的公共管理专业拟录取了。而女儿有了妈妈的鼓励和陪伴，也在2020年的考研中发挥出色，成功地以优异的成绩被西南医科大学的儿科专业拟录取了。女儿这一次能够考研成功，不得不说得益于她有这样一位妈妈。

天底下的孩子原本都有感恩和孝顺的本能。有些父母会抱怨孩子不懂感恩、不懂孝顺，当你这样抱怨时，是否也需要好好地反观一下自己呢？

记得在大儿子很小的时候，大年三十的晚上，我给了婆婆和孩子红包后，就跟先生静静地坐在电视机前看电视。不一会儿，从婆婆房间里传来一阵阵推辞声。我跟先生起身去看，看到儿子正在给婆婆红包，婆婆不肯要，一边推辞一边说："宝宝，你还这么小，这些压岁钱是你爸妈给你的，你自己留着。奶奶一会儿还要给你压岁钱呢！"儿子说："奶奶你这么老了，又没有工资，孝敬老人是我们小孩子应该做的！况且，爸妈给的我还留了一部分呢！奶奶您就安心地拿着吧！"看到这一幕，我跟先生相视一笑。于是，也力劝婆婆收下。

婆婆收下后，没想到儿子又拿出了两个红包——一个给我，一个给他爸。这时，我跟先生反倒不好意思收了，一个劲地跟儿子说："你的这份孝心爸妈心领了！红包你就自己留着吧。"儿子却说："不行，这是我对爸妈的一份祝愿，就像爸妈对奶奶一样！"

各位与其抱怨孩子出问题，抱怨孩子不够好，不妨检视一下我们自己是否出了问题，自己做得是否足够好。当父母做好了自己时，又何须担心孩子做得不够好呢？

该允许孩子边享受人生边学习吗

一天，正在上初中的孩子跟妈妈说："我要一边享受人生，一边学习。"乍一听，她有点不能接受：才上初中的人，怎么就开始享受人生呢？回想自己的人生，她出生在农村，从小父母教导她，人生是"先苦后甜"的，要"吃得苦中苦，方为人上人"。而且她的老师教导她："书山有路勤为径，学海无涯苦作舟。""故天将降大任于斯人也，必先苦其心志，劳其筋骨，饿其体肤，空乏其身，行拂乱其所为，所以动心忍性，曾益其所不能。"

她牢牢地记住了，一定要先受苦，而后才能有所"作为"，而她希望自己"成功"之后能享受人生。可是，所谓的"成功"又到底该如何定义呢？她似乎总是觉得成功离她很远，于是，一直不敢享受人生。也许在某个方面，在她的家乡那一边，别人都觉得她算是成功的，但她自己还有更高的要求，于是，她一直都不太敢让自己好好地享受人生。她尽量地一直让自己受苦，让自己一直保持学习的状态。

小时候，父母看到了她的努力，也看到她的学习成绩还不错，没有因为家境贫寒而让她过早地辍学。而上学之余，家里的农活她都要干：割草喂鱼、上山打柴、下田插秧……

她一直觉得她的孩子相对于她而言，一出生就已经是在享受人生了。孩子的童年和她的比起来，简直就是天壤之别。为什么孩子还要说决定享受人生呢？孩子解释说："不想死读书。"孩子还说："妈妈，您想一下，人的寿命有多长？一般来说是七八十年，对吧？那一个孩子上学的时间是要到二十多岁，对吧？如果在上学期间就不懂快乐生活，只做一个学习机器的话，那是不是白白浪费了人生的二十几年？"

对于一直爱学习的她来说，面对孩子说要"一边享受生活，然后才一边学习"，有那么一刻，她是不接受的。她也知道，有很多的父母都不能够接受孩子没有全力以赴地学习。那到底为什么父母们会这样呢？以她自己为例，首先，她可能不能接受这孩子跟她不一样的学习态度。为什么她觉得一个人在学习阶段必须全力去学习，而他不是这样的？其次，如果不是全力去学习，那孩子的学习跟生活如何安排？而她接下来又如何应对他的学习与生活？再次，他这样下来，成绩最后会变得怎样呢？这里面有她的担心。她猜想，在这些方面，大概其他家长跟她也是一样的。

但是，她不得不承认，她的孩子不需要像她那样，把"读书当成唯一跳出农门"的途径，孩子已然在城市生活得好好的。而且，孩子竟然比她更早、也更清楚地知道人要快乐，人在当下就可以快乐。而她却一直在以为将来才能快乐，成功之后才能快乐。

从这一点来说，她突然发现了孩子和她的不同，孩子知道把握当下。而这种把握当下，与她当年"只有努力学习、努力干活才是把握当下、才能有美好的未来"不同。孩子所说的把握当下，是在当下一边学习，一边拥有自己的快乐生活，而不是一味地钻进书本里面。于是，孩子一边学习书本的知识，一边去参加学校班干部的竞选、参加虚拟机器人大赛、参加朗诵大赛、主持活动，周末也会给自己安排一定的玩的时间。

她紧接着便释然了：她一直强调学习不是最重要的，而关注孩子这个人才是最重要的。现在孩子懂得思考作为一个人他应该如何度过他的人生，他不想处于苦哈哈的状态，这又何尝不可以呢？

再来对应看她如何处理自己的烦恼。首先，她一开始不接受孩子跟她不一样的学习态度，她觉得学习必须全力以赴，而孩子觉得自己只是该学时学，该玩时玩，还要拥有自己的兴趣爱好。这样看来，孩子反而能够兼顾作为一个人该有的全部。其次，关于学习和生活如何安排，孩子自己已经有了想法，并不用她去安排，她只需要接纳就好；最后，成绩的事情也是交给孩子负责就好了，孩子也很明确地说了并不是说不要学习，只是他不想让生命里只有学习这一件事（而接下来的事实也证明了他并不是不顾学习。孩子的学习也还不错。到了高三那一年，孩子反而主动跟她说，这才是需要全力以赴学习的时刻了）。

是呀，为什么学习就只有埋头苦读才是好的呢？一边学习一边享受人生又有什么不可以呢？就像成人，不也应该是一边工作一边享受人生吗？其实，允许孩子享受人生、快乐生活，他反而更愿意顺便把学习搞好了。

犹太人非常重视教育，把教育投资看成是一种责无旁贷的义务。但在教育中，他们认为知识并不是占据着至高无上的地位。他们认为培养人格完善的人，远比培养一个高才生更为重要。而学习知识和工作，不是只为了满足自己而学，不是只为自己而做，而是为了给予，是为了让自己和别人都幸福。

孩子提前让自己进入幸福的状态，这又有什么不可以呢？孩子幸福了，父母不也应该感到幸福吗？又有什么好担心和不允许呢？

孩子走散了，父母该怎么办

　　如果孩子走散了，作为父母的你会有怎样的反应呢？找到孩子之后，你又会怎样教育孩子呢？

　　有一天，我带九岁的小儿和亲戚一家去广场玩。当时，我们两位妈妈一边聊着天一边走，其中有一位爸爸负责看着三个孩子。

　　走着走着，又看到一位熟人在旁边，她的孩子正和一帮同学在广场上表演，于是，我们两位妈妈观看了一会儿熟人孩子的表演，等再回去时，发现我家小儿不见了。那位爸爸有事打了一个电话，就没有一直留意我的小儿，他还以为三个孩子一直在一起。

　　我跟天下的所有父母一样，孩子走散后，心里自然会非常着急，但细想，这个广场小儿来过，他熟悉这里，而且这里离家不远，就算他自己走路回家，他也能做到。所以，我以淡定的心理去找他，结果就在我转身的时候，小儿子发现我了——他先把我找到了。他笑着跟我们说："你们去哪儿了？我都找你们找了一圈了。"各位父母，你看到这里，觉得该怎样回应孩子呢？

　　曾经有一次，我们一帮朋友带孩子去香港的迪士尼乐园玩，当时有一位朋友的孩子也是走散了，在这样一个人生地不熟的地方，朋友的着急可想而知，而当时她的孩子才5岁多。

　　当找到她的孩子后，她立即扇了孩子一巴掌。虽然她着急的心情我能理解，但是她打孩子的做法，我却非常不认可。孩子和大人走散后，内心肯定是很慌乱的，父母找到孩子后，理应好好安抚孩子，而不是惩罚、打骂孩子。

小儿子找到我们后，我的亲戚这时也想着要教育一下他。她说："走散了，要在原地等大人来找，不然大人很难找到你呀！站在原地才是比较安全的做法。"

我的这位亲戚其实说得很对，如果孩子年龄小，又不熟悉周边环境，确实应该在原地等，就比如我那位朋友的小孩在香港走散时，如果孩子在原地等待，我们就可以很快地找到他。

不过，为什么孩子走散以后要走动呢？其实，这是孩子的本能，孩子想要回到爸爸妈妈身边，这样才安全，于是，这种本能驱使着他要去找爸爸妈妈。当然，孩子年龄小，对环境又不熟悉时，孩子到处走动去寻找爸爸妈妈，这样做会比较危险，可能越走离爸爸妈妈越远。

所以，听到小儿子问的话，再看他并没有害怕、委屈的样子，我就轻柔地回了一句："我们就在那边看了一会儿，没有想到你就走开了。"我接着又说，"我们也去找你了，没有想到是你先发现了我们。你来找我们也是可以的，但是，如果没有找到我们，那你会怎么办呢？"（这是在启发孩子寻找解决问题的办法，这也是我们作为父母很重要的一个责任。）"那就借别人的电话打给你们，或者自己走回家呀！"小儿子很轻松地回答。

其实，孩子走散后，让孩子待在原地，孩子是在被动地等待（当然，六七岁以下的孩子需要这样做）；而孩子走散后主动来找大人，这是一种主动解决问题的办法，如果孩子已经拥有了这样的一种能力，那就不必让孩子再回到被动的状态。

假设我还是要求孩子，你不应该走动，你就是应该留在原地，否则你就不是乖孩子，甚至对他一顿责骂，那么，孩子慢慢就会养成被动的个性——因为他发现父母觉得主动是不好的。所以，与其让孩子变成一个让人省心的、被动的孩子，不如保护和激发孩子主动解决问题的能力。

据说犹太人的孩子，在4岁时就要开始训练思考。父母会告诉孩子，世上没有所谓的绝对正确的答案，不要总是拘泥于一个想法。因为，还有很多不同的思考方式，还有很多意想不到的答案，还有很多可以采取的办法。

在日常生活中，父母也应该尽量锻炼孩子解决问题的能力，然后用欣赏的眼光看待孩子解决问题的方式及能力。当父母允许孩子有更多的主动解决问题的机会，孩子的能力自然就上来了，父母也无须更多地担心孩子了。

做我的孩子太难了

有一位妈妈一来到我的父母沙龙，就跟我大吐苦水，说自己上小学的孩子问题太多了，简直就是一个问题儿童。诸如写作业拖拉，周末的作业总是要拖到星期天晚上才完成；有点厌学；不诚信，明明要上数学课，偏偏说上体育课，要请假去看牙齿；不好沟通，容易发脾气；没有责任心……这样听下来，在场的很多父母感觉这个孩子真的太糟糕了。

等这位妈妈一通发泄完，我再问她："孩子真的那么不想写作业吗？"

这位妈妈回答："其实孩子周末一开始不想写作业，想先玩，但是到了周日下午，孩子就会开始着急写作业了，而且不管多晚，孩子都会把作业写完再睡。"

我再问这位妈妈："孩子厌学的具体表现是什么？"

答："每天也会按时上学，去上学时还是比较开心的，不过就是不太喜欢数学，因为数学老师曾经惩罚过她。"

我再问："仅此可以说明孩子厌学吗？"

答："那好像算不上是厌学，孩子的其他功课都好，每次语文考试要么全班第一，要么第二，只有数学差一些。数学老师对她比较严厉，总是批评她、惩罚她，所以她很不喜欢数学老师，对于学习数学有些灰心，但数学成绩也不是非常差，也几乎是在 90 分左右。英语成绩一般在 95 分左右，总体说下来，孩子学习成绩其实还可以，只是没有每科都考第一，唉……"

其他的爸爸妈妈一听到这里，全场哗然："原来你想孩子每科都考第一呀！这要求也太高了吧？"

至于孩子的"不诚信"也是有缘由的，因为妈妈说，就算牙齿不舒服，也不能在语数英这些"重要"课程上课时请假出去看，只能是上体育课请假。孩子一方面牙齿不舒服，一方面又不太喜欢数学老师，为了符合妈妈的要求，所以就只能撒谎说是体育课了。

关于孩子不好沟通、易发脾气的情况，在我们的进一步探询下，这位妈妈说，每次也是妈妈先对孩子不满意，先对孩子发脾气，接着孩子也发脾气了。其实，孩子是在用妈妈对待她的方式对待妈妈。

关于孩子没有责任心，这位妈妈的解释是：孩子每次都要拖到最后才完成作业，这不是责任心不够的表现吗？我笑着问她："孩子不管多晚都要完成作业，这也叫没有责任心吗？"这位妈妈不好意思地低下了头。

对于这样一个孩子，我觉得要是冠以一个"问题孩子"的称号，那这个孩子真是太冤了。为什么在父母眼里，明明还不错的孩子，最后却被认为是有很多问题的孩子呢？其实，最主要的原因，就在于父母对于孩子有过高的期望、过多的要求，甚至过多的焦虑。

这个语文考第一名的孩子，妈妈希望她数学也要考第一，英语也要考第一，以考第一才是好孩子的标准来过度要求孩子。明明孩子能完成作业，妈妈却觉得拖到最后一天写不行，应该先写作业再玩，总是事先就焦虑孩子写不完怎么办。原本就牙疼的孩子，担心妈妈不愿意自己请主课的假去看医生，偶尔撒一次谎就被妈妈说成是不诚信的孩子，其实是妈妈以小说大，太爱贴负面标签……

我当时给这位妈妈的建议是这样的：

一是放下对孩子的高标准和高要求。要孩子每门功课都考第一名这太难了，而且就算逼迫孩子考第一名，孩子也会不快乐的。

二是把学习的责任、写作业的责任还给孩子。作业有没有完成，几点完成是她的责任（但可以跟孩子协商定好几点睡觉，所以需要在这个时间点之前完成作业），这也是让孩子有责任感和懂得自律的做法。

三是多看孩子的优点。孩子本来就很优秀，可是如果我们总是盯住缺点，那么孩子也会变成得焦虑（心理学上的说法是缺点越被关注就越会被强化，于是就越会发展缺点，而优点越被关注和肯定就会越发展优点）。

四是多鼓励孩子。一个面对某个科目有些垂头丧气的孩子，是一个没有被好好鼓励过的孩子，适当地鼓励才能让孩子更加有信心去学习这个科目。

五是育儿先育己，父母先做好榜样。做父母的希望孩子不要总是发脾气，自己就先要学会管理好自己的情绪，当父母有一个良好的情绪状态，不是动不动就对孩子发脾气，那么，孩子自然就会有一个良好的情绪状态。

经过我们沙龙上的讨论，这位妈妈说："原本觉得这孩子太糟糕了，有太多问题了，今天才发现，是自己需要调整。这一刻，才觉得这孩子来当我的女儿太难了，而不是我太难了！"

是呀，我们都知道，为人父母者不容易，可是站在孩子的角度看，如果被过高要求、被过多责骂、被过多贴负面标签、被过多打击、被过多情绪化对待，等等，那么孩子将会比父母更不容易，犹如生活在水深火热之中。

怎么做不累的父母

俗话说："养儿一百岁，常忧九十九。"一旦成为父母，对孩子的各种牵挂、操心就免不了，人们甚至把父母称为一天上班 24 小时，全年无休的一个职业。可见，作为父母真是太不容易了。然而心理学家林文采却说："养育孩子有什么难？如果养孩子弄到鸡飞狗跳，那八成是方法错了。"所以，如果家长养育孩子感觉到太累了，那一定要检视方法是否用错了。

我们先来看看，为什么有些父母觉得养育孩子那么累，那么难呢？

曾经有一部很火的电视剧叫《虎妈猫爸》，虎妈毕胜男为了女儿茜茜，什么都可以牺牲，什么都可以不要。工作可以辞掉，房子可以卖掉，甚至婚姻也可以放弃。毕胜男连同茜茜姥爷毕大千，对茜茜严加管教，实施高压政策，从茜茜的生活起居，到教育培养，无不细加看管。茜茜不吃青菜，毕胜男可以大发雷霆，逼着女儿吃；写作业、写日记，统统逼着完成；学着茜茜姥爷的办法，用绳子将自己和女儿拴在一起跑步，一定要完成规定的目标。学区房、争第一、上重点，成为毕胜男为之奋斗的目标。所有的生活都是围绕女儿转，这样做父母能不累吗？

很多时候，我们以为自己为了孩子累点苦点没有关系，将来孩子成功过得好就行了。然而事实上，父母这样累却往往可能适得其反，孩子不但不一定能成功，反而可能在巨大的压力下崩溃或是抑郁，比如上面说的茜茜，最后就得了抑郁症。

现实生活中有非常多像毕胜男这样的父母，我身边就有这样一位妈妈曾向我求助。这位妈妈曾经也是一位很优秀的职场女性，年近四十才好不容易怀上孩子。孩子出生后，为了全力照顾孩子，就把工作辞掉了。从孩子两岁开始，便要求孩子背唐诗宋词，上了幼儿园便要学习各种才艺，上小学后，要求孩子每科成绩都是 95 分以上。

初中之前，孩子凡事都按母亲的要求做到了。各种陪学，各种接送，换来了妈妈可以在朋友面前炫耀的资本。但初中之后，孩子开始有了自我的一些想法，便再也受不了妈妈的管制了。妈妈越是要孩子按照她的要求来做，孩子越是不干。妈妈越是要孩子学习，孩子便越不想学习。妈妈从不给孩子看电视、看手机或是电脑，有时周末整天把孩子关在房间写作业，孩子变得越来越爱发呆，有时甚至精神恍惚。母子之间的争吵越来越多，家里就像一个战场一样。妈妈很纳闷：难道自己为孩子付出这么多，就想要孩子学习好点儿有错吗？

很多时候，父母都是想着为孩子好，可是，到底什么是真正的好呢？有的父母是自己先在心中设想了一个理想孩子的状态，然后便不停地把孩子往那个理想状态去塑造，却完全忽略了孩子自身的想法和个性特点。孩子本来也许是一颗楠木种子，父母却要孩子成为一朵鲜花。父母总是把自己的意志和设想强加到孩子身上，让孩子没有办法做自己，这真的是对孩子好吗？

前面说的毕胜男和向我求助的那位妈妈，都是打着为孩子好的旗号。不能否认，这里面确实有想要孩子好的成分，"望子成龙，望女成凤"这本无可厚非，但是，有些父母不顾孩子自身的特点或是不考虑孩子的承受能力，硬是要孩子成龙成凤，这不是强人所难吗？有些父母口口声声说都是为孩子好，但内心是否有要让孩子为自己争光的成分呢？

有很多父母在要求孩子优秀的潜意识里，渴望通过孩子来证明自己，那个潜意识的声音是："看我培养的孩子多出色！"当父母想要让孩子成为自己一张出色的名片时，就会处处对孩子进行雕塑，同时也处处限制和要求孩子，这样，孩子势必会感觉到不自在，最后必然会反抗、报复或是自暴自弃。

父母想把孩子拧成自己希望的样子，同时内在又有隐隐地证明自己优秀的焦虑，这样的父母自然是很累的。我们需要思考我生的孩子属于谁？属于"我"还是孩子自己？

很多时候，父母生了孩子，就会觉得这个孩子是我生的，我当然要管着，这个孩子是属于"我"的，而忘记了孩子也是一个独立的个体，他有独立的思想，有自己的尊严，有自己的喜好。如果他来到这个世界，不能按照他原本的样子来成长，而是被父母强行塑造成某种样子，那他又会觉得自己的人生有多大价值、有多大乐趣呢？成为自己，是每一个人来到这个世界最大的渴望。如果父母真的是为孩子好，那就应该是让孩子如其所是。

很多的父母对孩子高标准、严要求，希望孩子不要输在起跑线上。然而，真正的起跑线是父母。父母对待孩子的方式、方法就是孩子的起跑线。父母能够做到对孩子因势利导、不过度要求，能够享受与孩子共处的乐趣、懂得为孩子喝彩，懂得营造良好的环境，适当放手做轻松的父母，这些都是有益于孩子的成长。

要做一个不累的父母，我觉得可以从两个方面来着手。

第一个方面：父母要在精神层面解放自己，把紧盯孩子的那根弦放松下来。要知道，每一个孩子刚来到这个世界时都是纯净的，内在都拥有不含瑕疵的美好，都想要积极向上。只要父母懂得保护好孩子这种内在的美好，给到孩子良好的成长土壤，他们就必定能成长得很好。所以，父母的任务是把自己培育成一块优质的土壤，而非对孩子揠苗助长，又或强行将"圆"弄成"方"，以及打压孩子。

具体来说，父母可以采取的做法是：首先，父母拥有稳定的情绪、稳定的人格状态。父母不随意用情绪化的方式对待孩子，孩子自然拥有好的状态。曾经有一位妈妈找我咨询，说她的孩子情绪很糟糕，甚至有时还打父母。在我与孩子聊过之后，孩子告诉我，父母总是对他有很多的指责，总觉得他这不该、那不该，总是否定他。父母有时还喜怒无常。每次都是父母先发脾气，先动手打他，他才会跟着发脾气，跟着还手。

如果父母情绪状态稳定，对孩子有一些积极的肯定而非总是否定，能够多鼓励孩子，让孩子跟父母相处如沐春风、心情愉悦，这样环境下成长的孩子，何须担心他会情绪暴躁，会动手打人呢？这样环境下成长的孩子，必定是各方面状态都会比较好，自然会让父母省心。

其次，是不做控制型的父母，不对孩子提过多要求，不插手和干涉孩子的事情，做尊重孩子的父母。当然关心与爱孩子是必要的，可是如果一味地想着要控制孩子，凡事按父母意愿而非考虑孩子的个性和兴趣，那就往往会两败俱伤，出力不讨好。

当孩子有了自我意识之后，有些事情就要尊重孩子的意见，当然，有些父母会担心孩子小，还不懂得分辨，这时父母可以跟孩子讲清楚事情的利弊，给予孩子一些建议，相信孩子会为自己做出最好的选择。

再次，作为良好土壤的一个部分是亲子之间有效的连接。这个连接要如何建立呢？父母可以从三个方面来做：身体的接触——比如每天拥抱孩子、摸摸孩子的头等；互动——有跟孩子玩乐的时间，并且父母乐在其中（有空的话可以每天10到20分钟，没有空的话可以每周陪伴玩乐一次）；关注孩子——让孩子明白父母对他充满爱和关注。做好这三个方面，孩子自然跟父母情感上亲近，自然更愿意跟父母同频，父母教育起孩子也会更轻松。

最后，是父母放下过高的期望，放下攀比心，让孩子成为最好的自己，而非比别人更优秀。这既是解放父母，也是解放孩子。我的老家有这样一句谚语："蛇有蛇路，蛙有蛙路。"意思是说不要过多担忧未来，每个人都会有属于自己的出路。

第二个方面：父母不要做劳力型的父母，要多给自己做减法。父母对孩子多放手，孩子力所能及的事情要让孩子自己动手做。很多家庭对孩子甚是宠溺，事无巨细都替孩子包办，这样的父母一边抱怨累，一边又不肯放手让孩子做力所能及的事情。

某报曾经刊登过这样一则消息：有一个中学生带了一个煮鸡蛋到学校，

但又原封不动地带回家，因为他不知道怎样剥鸡蛋的壳。还有，大学生每周把脏衣服寄回去家里洗的例子也不少。这些事例都是源于父母包办代替太多。父母这样做往往还以为自己是爱孩子，不舍得让孩子受累，其实却是害了孩子，限制了孩子各方面能力的发展。父母应该让孩子成长为一棵独立的大树，而不是让孩子成长为经不起风吹雨打的温室里的花朵。

再总结归纳一下，做不累的父母，就是既不劳心（精神层面的劳累），也不劳力（身体上的劳累），把自己过多的要求和代劳放下，营造良好的亲子关系，适当鼓励孩子。

有一个《安的种子》的故事，讲述了三个小和尚种植古老的、异常珍贵的莲花种子的经历：本，非常心急，想第一个把莲花种出来，急急忙忙地种下去，结果还没有到春天，看莲花种子还没有发芽，就愤怒地把莲花种子刨出来了；静，想给莲花种子一个安逸的生长环境，于是给莲花种子最好的保护，用最好的土、水，并且用金罩子罩住花盆，结果因为缺少阳光，莲花种子的芽枯萎了；安，先耐心地把莲花种子放好，每天依然专心地做自己该做的事情，静静地等待时机，春天到了时把莲花种子种在池塘里，最终古老的莲花种子顺利地发芽、生长、开花。

安的那份不急不躁、不贪图快速出成果的心境，是多么值得我们学习。我们的孩子就像难得的"千年莲花的种子"，我们为了种子能开出夺目的花朵夜以继日、马不停蹄地"操劳"。有时，我们就像本一样，希望莲花快点长出来，以至于错误地早早就拔了它；有时，我们像静一样，想给莲花过多的保护，结果令莲花枯萎……

《安的种子》这个故事告诉我们：要对孩子怀有希望，但一定要淡定，等待时机，顺势而为，不要急于求成；同时，享受陪伴孩子生活成长的过程，接受那些平凡琐碎的不完美。如此，便可享受做一个心定而不累的父母。

孩子的学习与成长

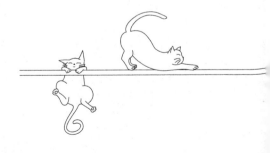

找到孩子喜爱学习的动力之源

一天，我在公交车上，听到一位母亲问孩子，考试得了多少分，孩子说得了 88 分。母亲一听，脸立马拉下来了，责问孩子："怎么才考这么一点儿，上次还考了 90 分，不是说了这次要考 95 分的吗？"这位妈妈愤愤然又大声的话语，令这个孩子羞愧又难堪。

这位母亲教育孩子的方式，显然有些错误的地方。首先，于大庭广众之下教育孩子，这是最不应该犯的错误；其次，孩子考了 88 分，并不算太差，做父母的不应该因此愤愤然；再次，就算孩子考差了，用责骂的方式对待孩子，也只会让孩子更加憎恨学习，再没有动力去学习。

经常也有些父母会跟我说，用尽各种手段要求孩子把学习搞好，可是，孩子就是对学习无动于衷，成绩反而越来越差。单从这个描述，就不难看出所谓的"用尽各种手段"是多么可怕的事情，这对于孩子来说，是起不到任何作用的，或者说是只会起到反作用。

孩子的学习，应该是自然而然发生的事情。每一个孩子，从一出生，其实是很好学的。想必每一个父母，一定记得孩子从小就喜欢探索世界，总会问会各种各样的问题，总是想要搞懂这个世界。这不是一种最主动的学习吗？为什么随着孩子的长大，父母却给孩子扣上了一顶"不爱学习"的帽子？

其实，是我们做父母的没有尊重孩子的学习规律，是我们做父母的过度打击了孩子的学习。

有时，孩子在写作业，一没有写好，有些父母就会说："你看，你就是个很粗心的孩子，总是写错。""你看，这么简单的都不会，你就是笨！""你看，别人都会，就你不会！""你看，妈妈给你交了这么多的补习费，你却越补越差，你真是没用！"……

于是，孩子就被妈妈的这些话语慢慢塑造成了"我很粗心，我很笨，我不如别人，我真没用……"的样子。如此，孩子又怎么可能再把学习搞好呢？

这个时候，父母再想尽办法，再请多么高明的老师，都不会把孩子的成绩提高的。因为孩子被父母的言语深深地影响到了，认定"自己就是不行"。

父母想要孩子把学习搞好，却用责骂、否定孩子的语言去对待孩子，这只会事与愿违，只会让孩子没有内在动力去学习。

我曾经看到过一位爸爸的做法，很值得大家学习。有一天，他的女儿被一道数学题难住了，于是请教他。他看了一下，觉得挺简单，但还是很有耐心地给孩子讲解。哪知讲了一遍，孩子没有明白，只好又讲了第二遍、第三遍、第四遍，直到讲完第五遍，孩子才听明白。

大多数的爸爸妈妈，如果讲到第五遍，恐怕都会有点不耐烦了，而这位爸爸却非但没有不耐烦，反而跟孩子说："孩子，想当年爸爸也是不会做这道题，后面你爷爷教了八遍，爸爸才学会。今天爸爸只教了你五遍，你就会了，你比爸爸更棒！"

试想一下，一个孩子遇到不会做的题，父亲非但没有责骂，而是用耐心教会并肯定和赞赏了孩子，孩子的内心一定是充满了喜悦和自信，而这才是孩子喜爱学习的动力之源。

激发孩子的梦想，助力孩子的学习

诺贝尔和平奖获得者、以色列第九任总统西蒙·佩雷斯说："未来的责任是教年轻人学会去'想象'！你的梦想有多大，现实就会有多大！"梦想有如人生路上的一盏明灯，它可以指引人们去到自己想要的方向。那作为父母，我们又该如何激发孩子的梦想，让孩子朝自己的人生目标努力，最终实现自己的人生梦想呢？

谷爱凌，这位奥运冠军，同时又是一位学霸，以接近满分的成绩考上斯坦福大学。她这一路开挂的人生，是怎样做到的呢？她在 8 岁起就有了参加奥运会的梦想，而她的妈妈告诉她："完成滑雪训练的同时，学业也不能耽搁，你需要付出比别人更多的汗水。"于是，不管运动之后有多累，谷爱凌都会抓紧时间做完学校的功课。谷爱凌的成功是梦想加努力的结果。她的妈妈可以说是她成长路上非常好的能量棒，妈妈懂得陪伴、鼓励及信任孩子。

当然，谷爱凌的成功不可复制，但其对梦想的执着却是我们可以学习的。在人的一生中，梦想占有非常重要的地位，许许多多的伟大人物都是靠梦想走下去，一直到成功的。

"杂交水稻之父"袁隆平先生说过："做梦时，梦见自己种的水稻有高粱那么高，穗子像扫把那么长，颗粒像花生那么大。"正是因为他怀揣梦想，他才会一直坚持不懈地做实验，直到有了今天的成就，让我们中国人不再担心粮食安全。

学习有如在浩瀚大海里行进，它需要一个方向的引领，也可以说是需要梦想的引领。没有目标和方向，就不知道要往哪里走，就容易迷失，不知道为什么而学。所以，如果要想让孩子学习好，那么首先孩子应该知道自己为了怎么样的人生目标而学习，为谁而学。

要让孩子明白学习不是为父母，不是为老师，而是为自身的成长，为自己的整个人生，当然，甚至也可以有更大的梦想：为民族，为国家，为人类。父母的任务，是要让孩子明白学习是自己的事情，同时协助孩子树立一个远大的目标，接着再引导孩子树立阶段目标，树立一个个小目标。

让孩子有目标地去学习，孩子就会有成就感，就能激发起学习的兴趣。而且，父母们需要注意的是，在帮助孩子树立目标的时候，一定要以掌握知识为目标导向，而不要以成绩结果为目标导向。特别需要注意的是不要因为一两次考试没有考好就否定孩子，就认为孩子没有出息，就浇灭孩子的梦想。对于孩子，我们要看重的是孩子为梦想而付出的努力，而不用太过于在意结果，只有这样，孩子才不怕树立梦想，才敢于树立梦想。

有一个男孩，他刚刚上小学时，对写作很感兴趣，当作家一直是他的梦想，老师和同学都觉得他的梦想很可笑，认为他不可能实现。但是他一直坚持每天练习写作，最后他终于实现了梦想，写出了《老人与海》这样一部获得了诺贝尔文学奖的中篇小说以及其他一些优秀的作品。这个男孩就是海明威。

而在广西的一个乡村，有一位叫卓君的热爱跳舞的男孩，他不管别人如何取笑他——说他是一只跳舞的猴子，甚至群殴他，他依然坚持自己的梦想。没有老师教他，他就模仿电视上的舞蹈动作；没有太多的时间跳舞，他就利用干农活的间隙在田埂上跳。最终，他参加《中国达人秀》并获得了冠军。2012年，他主演了由自身经历改编而成的励志公益微电影《田埂上的梦》。

梦想很重要，有了梦想就有了希望，有了梦想就有了人生的动力，有了梦想就有了更高的追求。

而学习也一样，需要有人生梦想的指引，树立阶段性的目标，让自己明白，通过学习可以一步步完成目标，从而最终实现自己的梦想。

哈佛大学有一个非常著名的关于目标与梦想对人影响的调查，这个调查跨度 25 年，结果发现有目标有梦想和没有目标没有梦想的人生截然相反：那些 25 年来一直有坚定的目标和梦想，几乎都不曾更改过自己的人生梦想的人，他们始终朝着同一个方向不懈努力，25 年后，他们成了社会各界的成功人士；而那些从来没有过目标及梦想的人，不知道努力的方向，于是他们的生活过得很不顺利。

没有梦想就没有动力，人能站多高、能走多远首先取决于是否能找准自己的方向，只有选准方向，才能持久稳健地走下去，才有望达至"顶峰"。

比较公认的成功定义是：成功就是逐步实现一个有意义的既定目标。目标是成功的灵魂精粹所在，目标的达成几乎可以与成功画上等号。

在学习的过程中，一旦制订了一个目标，有了人生要为之努力的梦想，人就会从内心深处产生一种力量，努力朝着所定的目标前进。目标和梦想是一种希望，在此激发之下，人才会不断地追求进步。

所以，无论是父母还是孩子，都应该树立自己的梦想，只要坚持去努力，就一定会实现，哪怕短期内不能实现，但也一定会有收获。而对于孩子们来说，学习就是通往梦想的途径之一，为学习树立一个个小目标就是通往成功的垫脚石。

那作为父母如何去跟孩子谈梦想呢？

比如，选择良好的气氛下，父母先说自己的梦想，再问孩子的梦想。等孩子说出自己梦想是什么后，可以再启发式地询问孩子："从今天起要怎么样做才能实现你的梦想呢？"让孩子自己回答。如果一时回答不上来，也没有关系，可以后面慢慢地加以引导，可以多讲故事，也可以与孩子一起多阅读一些名人传记，孩子听多了看多了自然会受到启发。或是在生活中，如果孩子看到某个方面的问题，也可以就此引导孩子思考："社会如何改善这些不足会比较好呢？自己可以通过怎样的学习和努力去促使这个方面更好呢？"

又比如父母还可以这样做，说自己看到一篇写得很好的文章，然后朗诵给全家人听，让全家人点评一下朗诵得怎么样，然后开始朗诵关于梦想的文章。父母下次可以再读其他方面的文章，比如一些有趣的，或者文学名著的某段，隔一段时间再朗诵关于梦想的诗歌，这样交替几次，直到孩子建立自己的梦想。这样做，孩子就不会感觉到父母的目的性那么强而跟父母对抗。我们教育孩子，需要润物细无声。如此下来，孩子的梦想一般都会建立。

父母有意无意间的言行，会自然而然地影响孩子，会慢慢内化成孩子自己的东西。与孩子进行互动时，很多时候，父母不用直接告知孩子该怎样，而是需要去启发孩子，让孩子思考可以怎样。比如怎样做会更好，可以建立怎样的梦想……这就是对孩子内在的塑造，就是从内在去激发孩子。

鸡蛋由内而破，这是一种自己想要成长的生命；鸡蛋由外而破，经由施加的外力，它只能变成食物而没有办法继续成长自己。所以要让孩子建立梦想，不是直接给孩子一个梦想，而是可以通过生活中一些有意无意的方式，去启发孩子，去让孩子内在拥有真正的梦想，从而在外在行动上懂得为自己的梦想而努力。让孩子从内心慢慢地意识到自己的梦想，让孩子清楚自己为什么而学习，让孩子意识到他可以有自己想选择的人生目标，他可以去实现这个目标。

不管孩子的梦想是什么，父母一定不要打击孩子，并且要告诉孩子，父母一定会支持他的梦想。行行出状元，父母一定要保护孩子的梦想。当孩子确定自己的梦想后，父母可以和孩子多谈相关的问题，强化孩子内心的愿景，当梦想不断地在孩子心中被强化之后，孩子就会被梦想感召，动力就会越来越足。

愿天下的父母及孩子，都做一个有梦想的人。有梦的人生不荒芜！

孩子，你慢慢来

　　我是两个孩子的母亲，也深知教育孩子的不容易。在一次讲座中，我问大家是否觉得现在的孩子难管难教育，结果几乎所有的家长都说是。

　　实际上，孩子是该用来享受的，而不是用来管教的。当你觉得孩子是要用来享受时，你会觉得很开心，当你觉得是用来管教时，你的难受就出来了。可能有的家长会说："享受？哪有那么好的事情？不被孩子气个半死就算好了……"

　　作家龙应台在她的书中写道："我愿意用一生的时间，去等这个小男孩把花束束好，用他5岁的手指。花绳绕过来，刚好要系上的时候，另一端又突然滑走了。孩子，你慢慢来，在淡水街明亮的阳光里，在石阶上，等你把花束好，用你5岁的手指。"

　　这就是母亲情愫。可是现实生活中，能这样享受做母亲的感觉，愿意耐心地去陪伴孩子的并不是太多。

　　或许，随着孩子慢慢长大，我们会发现孩子有这样那样的缺点，于是，就忘记孩子也曾带给我们的欢乐，否定孩子还会继续带给我们欢乐；就用孩子的缺点去掩盖他的优点，甚至放大他的缺点；就忘记孩子在我们不开心时，也曾替我们担心，在我们身体不舒服时也会关心我们。

　　当然，我们更不会在孩子为了让我们放心而撒一些善意的谎言时领情。我们甚至会在自己情绪不好时，把内心的不满投射到孩子身上。

　　所以，孩子有时也是无辜的。可能有的家长会说：孩子有这样或者那样的缺点，我们还不能说他、骂他、教育他吗？可是，在说他、骂他、教育他的时候，我们反观一下自己，有没有过度地、无情地抨击他？有没有将自己的不开心也通过他去发泄？我们回想一下，有没有在自己工作不顺、心情不好的时候看孩子就觉得更加不顺眼，就会更加严厉地批评孩子？有的话，请一定要诚挚地跟孩子道歉。当我们学会认错时，孩子才能学会认错，也才能学会更好地改正自己。

有些孩子确实会有这样或者那样的我们不能认可和接受的行为习惯。一般来说，一个好习惯的建立或者是一个坏习惯的消除需要 21 天。在这 21 天里，给他制订一个好行为表格，让他自己监督自己，家长只要静心地陪伴。若是确实没有做到，家长不带情绪地稍稍提醒即可，若是做到一部分，可以语言强化，肯定孩子："哇，你做得越来越好了。"绝对不要责骂，说："怎么回事，不是说好了的吗，怎么又做不到了呢？"这样慢慢坚持下来，父母眼中的不可接受的行为慢慢就会变成父母可以悦纳的行为了。

其实，用心感受、跟随孩子的步伐，就会发现陪伴孩子的成长是一件非常奇妙、非常富有诗意的事。就像《牵一只蜗牛散步》中所说的，慢慢地跟在蜗牛的后面，你会领略到美妙的风景、自信的状态；可是如果催促加拉扯，想让孩子以我们成人的速度走，只会导致孩子的无力及颓废。

当我们放慢步伐，跟在孩子后面，以孩子的眼光去看待世界时，可能我们看到的就是另一番世界。陪着孩子用欣喜的眼光去看万事万物，陪着他一起感受惊喜。

比如，陪着孩子去发现："哇，原来小草上有露珠。""哇，原来草地上有小虫子。""哇，原来你可以跑得这么快。""哇，原来你这么爱小动物。""哇，原来你是这么心疼这些植物。""哇，原来你这么快就学会自己系鞋带了。""哇，原来你这么快就学会骑自行车了。"……

哪怕他进步很慢很慢，你也要用鼓励的眼光去看待他，用你的耐心去陪伴他，不要说"这有什么了不起，你考个 100 分给我看看"。唯有放慢我们的脚步，我们才能体会到跟孩子相处的快乐，我们才能真正学会享受生活，感受幸福。

　　陪伴孩子成长的过程中，你不必着急，不管你是希望他成长得更好，还是希望他改掉不好的习惯，你都得慢慢来。当你不焦躁，而是顺应着孩子的步伐去陪伴孩子的成长，去领略其中的美好，那么，你就可以享受孩子成长的过程了。

如何让孩子爱学习

很多父母最关心的事情就是孩子的学习，最苦恼的也是孩子的学习。有古诗云："事业功名在读书，圣贤妙处着工夫。"从古至今，学习对于一个人的人生发展而言都是很关键的事情。

我经常指出身心健康对于孩子来说非常重要，当然，在身心健康的前提下，孩子学习好，确实可以助力孩子的人生。

在很多父母的提议下，我就来跟大家说说如何让孩子爱上学习。让孩子爱学习，最重要的是要激发起孩子的学习兴趣。孩子对学习感兴趣，就会觉得学习是一件很幸福很快乐的事情，孩子自然就爱学习了。因此，要让孩子学习好的根本方法就是培养孩子学习的兴趣。

培养孩子的学习兴趣，可以从以下方面入手：

第一是多在学习上肯定、鼓励孩子。我们可以试想一下：假设一个孩子在学习上从来没有得到过父母的称赞、肯定或鼓励，也没有得到过老师与同学的欣赏，他对学习会不会有好的感觉呢？显然在这种情况下，孩子一般比较难有好的感觉，也比较难有学习的兴趣。

曾经有一位妈妈向我诉说孩子不爱学习。我问她平时如何对待孩子的学习，她回答我说，自己每天都会盯着孩子写作业，很用心地看着孩子。孩子要是没有写好，就会立即批评孩子，要孩子重新写，考试没有考好也会惩罚孩子。

我再问这位妈妈，有在学习上肯定、表扬过孩子吗？这位妈妈回答说："就他那个样，根本没有值得表扬的地方！"可想而知，孩子一直处在这样的状况下，往往会讨厌学习，因为学习没有给他带来过快乐。而相反，如果一个孩子在学习上受到了肯定和鼓励，在学习上体会到了自我的价值，孩子就会对学习感兴趣，就能迸发出很大的激情，学习就会有动力，就不会感觉到学习是一种负担，就不会觉得学习是很讨厌的事情。

有这样一位班主任，他曾经总是批评班里最差的一个学生，发现这个学生越来越自卑，作业也越写越糟糕，甚至不交。后来，这位班主任反思自己的做法，意识到太多批评的负面影响，于是，改变自己的做法，经常鼓励这个学生，哪怕这个学生只是一次勇于承认错误，只是一次举手发言，只是一次更正作业，这位班主任也会及时地表扬、肯定他，并且带着全班同学去发现这个同学的优点。就这样，这个学生在课堂上越来越积极，作业越写越认真，他变得越来越爱学习。

所以，要让孩子对学习有兴趣，第一个激发孩子学习兴趣的方法就是让孩子在学习上得到肯定、鼓励。作为父母，我们可以在家里有意地训练这个部分：比如可以向孩子提问，孩子想出来以后立即去肯定他，不断地重复几次，先从简单的开始，孩子就能慢慢找到学习的动力了。等孩子有了兴趣之后，也可以鼓励孩子挑战难题。另外，允许进行孩子适当的娱乐，给孩子放松休息的机会，劳逸结合效率更高。一味学习只会让孩子觉得疲惫，时间久了也容易让孩子产生厌学情绪。

第二个激发孩子学习兴趣的方法，是让孩子当老师——教授别人。我们可以来给孩子当学生，让孩子来给我们讲解所学的知识。让孩子当一个小老师，他会觉得非常有意思，能体会到当老师的快乐，并且，这种方法可以让孩子记住大量的学习内容。这也是美国学者埃德加·戴尔1946年发现的"学习金字塔"中最有效的学习方法。

第三是不在学习上批评孩子。我们先来看看孩子最反感的是什么，其实就是被家长肆意批评。有些父母在检查孩子写作业时，如果有字写错了就会骂他，要是作业没做好或者考试没有考好甚至会打他。就是现在流行的说法：不谈作业，母慈子孝；一谈作业，鸡飞狗跳。假如一个孩子做一件事总是要遭受谴责、批评，那么孩子肯定是讨厌这件事情的。所以，如果在学习时，父母给他的是责骂、痛苦，孩子的自我价值感就会非常糟糕，孩子就会很紧张、很害怕，身心就会很难受，当然也就会很讨厌学习。

第四是对孩子多进行正强化。好的学习习惯，就要多进行正强化。比如看到孩子写作业，可以说："儿子，你今天的字写得更工整了！""儿子，你的作业写得越来越好了！"看到孩子看书，可以说："儿子，你很爱阅读哦！""孩子，你很爱学习哦！"每一次我们都去看到孩子好的一面，而不是看到他的不好的一面。不好的一面不去关注它，慢慢地，他就会更多地发展好的一面，而不好的一面就会慢慢消失。

第五是使孩子保持乐观的心情。快乐是高效学习的前提，只有心情快乐，大脑才能处于最佳学习状态。这种状态下，记忆力最好，理解能力最强。

所以要让孩子爱上学习，需要在学习上让孩子感受到快乐。比如看到孩子在学习，父母就表现出欣赏、愉悦，孩子写作业、看书、画画等都让孩子得到好感。孩子每一次进步，父母都给予肯定，退步时也不责骂孩子，而是给予鼓励。孩子做错题，做父母的也不要太着急，而是心平气和地让孩子明白错误，改正过来就行了。在孩子学习时，给孩子营造一个安静不受打扰的环境，这样会让孩子感觉到学习是很重要、很需要专注力的一件事情，营造学习时的神圣感，强化学习时的成就感，学习就变成了让孩子快乐的事情。总之，良好的家庭氛围、轻松愉快的家庭环境都有利于孩子的学习。

除了给孩子培养学习的兴趣，让孩子明白为什么上学也很重要。很多孩子会很纳闷为什么要上学，那我们可以告诉孩子这样一个故事——

　　一个孩子问："爸爸，我为什么要上学呢？"

　　爸爸说："儿子，你知道吧？一棵小树长一年的话，只能用来做篱笆，或当柴烧。十年的树可以做檩条。二十年的树用处就大了，可以做梁，可以做柱子，可以做家具……一个小孩子如果不上学，他7

岁就可以放羊，长大了能放一大群羊，但他除了放羊，基本干不了别的。如果上6年学，小学毕业，在农村他可以用一些新技术种地，在城市可以到建筑工地打工、做保安，也可以当个小商小贩，小学的知识够用了。如果上9年学，初中毕业，他就可以学习一些机械的操作。如果上12年学，高中毕业，他就可以学习多种机械的修理了。如果大学毕业，他就可以设计高楼大厦、铁路桥梁了。如果他硕士博士毕业，他就可能发明创造出一些我们原来没有的东西。知道了吗？"

儿子回答说："知道了。"

爸爸又问："放羊、种地、当保安，丢人不丢人？"

儿子回答说："丢人。"

但是爸爸纠正说："儿子，不丢人。他们不偷不抢，干活赚钱，养活自己的孩子和父母，一点也不丢人。"

爸爸接着说："不是说不上学或上学少就没用。就像一年的小树一样，有用，但用处不如大树多。不读书或读书少也有用，但对社会的贡献少，他们赚钱就少。读书多，花钱也多，用的时间也多，但是贡献大，自己赚钱也多。"

读完这个故事，可以问问孩子的感想。一般听完之后，孩子对于为什么上学就有了答案，相信孩子听完会懂得为自己做最好的选择。上面故事中的爸爸的做法也非常值得父母学习，他没有恐吓、利诱、威逼、责骂孩子，而是用非常浅而易懂的话语让孩子去体会上学的意义。

一位作家在给儿子的信中写道："我要求你读书用功，不是因为我要你跟别人比成绩，而是因为我希望你将来会拥有选择的权利，选择有意义、有时间的工作，而不是被迫谋生。当你的工作在你心中有意义，你就有成就感。当你的工作给你时间，不剥夺你的生活，你就有尊严。成就感和尊严，给你快乐。"类似的话语，都可以给孩子分享。

最后，愿孩子们都能爱上学习，体会学习的美妙意境。

妈妈，我担心自己长大后是一个没用的人

8 岁的弘弘一天晚上突然跟妈妈说："妈妈，我担心自己长大后是一个没用的人。"妈妈把弘弘抱过来，放在腿上，看着他的眼睛问："宝贝，你怎么突然担心这个呢？"

"我们班的京京、辉辉成绩都比我好，我觉得我学习不如他们，所以我担心！"

"哦，妈妈听到了你的担心，也看到了你很难过。来，让妈妈再抱抱，看看我们能做点儿什么让感觉好一点儿。"

妈妈抱着弘弘在家里走了一会儿，然后问："宝贝，现在感觉有没有好一点儿？"弘弘点点头，表示好一些了。

"宝贝，你身上有没有优点？"妈妈接着问。

"有呀！我跑步比京京、辉辉都更快！我的数学学得也好，就是语文不如京京和辉辉！"弘弘说完又叹了一口气。

妈妈再问："哦，那这样说，京京和辉辉也有不如你的地方？"

"有是有，但我总觉得自己不如他们，怕自己将来是个没用的人。"

"哦，妈妈知道你很担心。那你知道现在离将来还有多久吗？"

"还有很久吧？"

"是的，还有很久。所以现在一切还来得及。你现在有了担心就说明你是一个积极上进的、想要让自己学得更好的孩子。那我们现在只要找出自己没能把语文学好的原因，再看看别人是怎样学好语文的，然后就努力去学，你觉得能不能学好？"

"我觉得应该可以吧。"

"好的，那我们先来分析一下，之前学得不够好的原因。你想想看，可能是什么原因呢？"

"要背的段落和词语没有背熟。"

"太棒了！我们能发现问题就能解决问题。那以后我们怎么背熟这些？"

"不要怕麻烦，要多背几遍。"

"太棒了，妈妈相信你能做到！"

"那还有什么原因呢？"

"作文写得不够好。"

"哦，作文确实是语文当中的难点，那要不我们去买一些作文书来看看，学习一下别人怎么把作文写好的，也摘录一些好词好句，这样，以后写作文时说不定用得上？"

"好吧。"

"那你现在还担心不能学好语文吗？"

"没有那么担心了。"

"那你还担心长大后是一个没用的人吗？"

"也没有那么担心了。"

事实上，没有哪个孩子天生就不上进，天生就喜欢破罐破摔。每个孩子内在都希望自己可以变得更好，内在都是想要上进的。但是，如果父母没有保护好孩子的这份心态，反而一再地去挫伤孩子积极性，那么孩子就会变得很消极。

有些父母明明是希望孩子上进，却一味指责孩子不上进，殊不知，孩子正是被父母这样的语言塑造出来的。所以，面对孩子状况不够好时，父母要先接纳，多跟孩子做一些身体接触，拥抱或是拍拍孩子都可以，然后跟孩子一起做点什么，让孩子感受好起来。等感受好起来时，再给孩子一些信心，接着再与孩子探讨一些可行的方式。

　　假设妈妈不是这样回应弘弘，而是以另外一种方式，责怪孩子说："与其在这儿担心自己没用，还不如多去学习学习"；又或者说"担心有什么用，平时干吗去了？平时不认真学习，现在活该担心"；又或是说"看看你，就是不好好学习才落得这样的下场"……大家体会一下，孩子听到这些话会是什么感受呢？

　　韩国有一个叫金秀贤的人，17岁那年，极度害羞的他被妈妈拉着手来到表演学院。在这里，他藏在内心深处的潜力爆发了出来，他决定今后要走这条道路。然而，一开始，他总是没有办法克服自己胆怯害羞的心理。每次表演前，他总是要先进行一番激烈的心理斗争，而到了台上，他连看一眼观众的勇气都没有。

　　曾经在高中话剧团时，他出演《仲夏夜之梦》中的精灵，最后一场表演前，母亲来看他。母亲拥抱着他说："儿子，你真棒，我相信你一定能做到最好！"那一次，他终于鼓足勇气，看着观众表演。表演结束之后，他骄傲地依偎着妈妈，热泪盈眶。这是他人生第一次真正战胜自己，他感到无比喜悦。而战胜自己的力量，其实来源于妈妈的鼓励。

　　当孩子担心、害怕时，您是否用对了回应的方式呢？鲁迅说："小的时候，不把他当人，大了以后也做不了人。"苏霍姆林斯基说："教育技巧的全部奥秘也就在于如何爱护儿童。"而我个人则认为呵护好孩子那颗上进的心，会比冷嘲热讽又或是打骂孩子来得轻松有效！

孩子注意力不集中怎么办

在我的工作中，经常会碰到一些注意力不集中的孩子，面对这些孩子的状况，父母总是感到很苦恼、很无力又或是很抓狂，时常呵斥孩子，可是孩子却依然没有改变。其实，这是父母用错了方法。而当父母用对了方法之后，孩子的问题往往便可以轻松解决。

事实上，这些孩子之所以注意力不集中，有很多跟父母的做法有关系。因此，面对这种状况，父母与孩子都是需要去做一些调整才行，千万不要以为这只是孩子的问题。

有这样一个孩子，3 岁之前一直住在外婆家。那时，爸妈下班后去外婆家吃饭，孩子跟爸妈的见面也就仅限于此。等孩子到了 3 岁多时，爸妈离婚了。孩子的抚养权归爸爸，于是，爸爸把孩子带回了爷爷奶奶那里。爸爸的工作很忙，经常出差，孩子只能跟着爷爷奶奶，孩子不习惯，他很想念外婆，但是没有办法再见到外婆，妈妈也很难见到。于是，孩子经常哭闹，爷爷受不了孩子的哭闹，便打孩子。一次又一次地抽打孩子，这并没有让孩子变得更乖，反而孩子在上学后，一再地被老师批评是注意力不集中的孩子。

这个孩子，他的注意力不集中一是因为安全感的破坏，从熟悉的环境突然到陌生的环境；二是因为跟父母情感连接的缺失。这个孩子，得不到父母的关爱，没有很好的情感维系，内心必定是慌乱的。所以，注意力不集中，上课走神，爱发呆想事情，这些就成了孩子的日常表现。

还有这样一个也是被老师认为注意力极差的孩子，而这个孩子的妈妈回忆自己小时候也是一个注意力不集中的人。妈妈从小没有见过父亲，据说父亲是她还在娘胎里时，就在外地遭遇意外的车祸去世了，而母亲在她出生后不久就改嫁了。她从此再未见过母亲，只能跟着自己的奶奶生活。后来奶奶年老去世，她就跟着叔叔婶婶生活。她就这样长大，内心一直没有安全感，用她自己的话说，到现在她也觉得自己是注意力容易涣散的人。而她生的这个孩子竟然跟她一样，也是容易注意力不集中。可见，妈妈的状况会直接影响到孩子。

上面的两个案例，很明显是父母影响了孩子，所以父母需要去做出更多的调整。第一个案例是需要父母去跟孩子建立更多的情感连接，比如父母每周最好跟孩子有一次高质量的专心陪伴孩子的时间，爷爷要停止殴打孩子，还要定期带孩子回去见见外婆；第二个案例是那位妈妈需要疗愈自己当年的创伤——父亲突然离世、母亲离开，内心抓狂和不知所措，想要去寻找爸妈却无处找寻。当这位妈妈内心不再慌乱时，孩子也就不慌乱了，注意力也就变得容易集中了。

按照系统一点的说法，注意力不集中的原因有：

一、先天因素。如先天遗传等因素的影响。

二、家庭因素。家庭教养方式不当。过度溺爱，导致学习上吃不了苦，不愿意集中注意力；过度挑剔、催促，导致孩子出现叛逆心理；错误地标签，让孩子默认自己是注意力不集中的孩子。

三、环境因素及人为因素。学校班级人数过多，老师无暇顾及每个学生，或家庭学习环境嘈杂，剖宫产等也有一定的影响（在注意力不集中的孩子中，剖宫产往往比顺产的多）。

四、社会因素。各种电子产品的过度使用。

五、病理因素。脑部器质性的病变。这类情况需要在专科医生指导下治疗才能得到改善。

当然，不论孩子是哪种情况，多做注意力训练，对孩子的注意力集中、大脑开发及学习能力提升都是有大裨益的。而注意力水平正常的孩子，多做注意力训练也会有好处。下面，我们就来看看哪些方法可以有效提升孩子的注意力。

一、健脑操[1]

目的：激活脑部，以便跨越视觉中线，增进两侧脑半球的整合。加强双眼和周围视觉。增强眼肌（特别是左右来回扫视）的协调性。

眼睛追视拇指走"卧8"或无限符号的轨迹，可以让人顺畅地跨越视觉中线，从而激活左右眼和整合左右视野。8是横卧的∞，有一个固定的中点和左右两个区域，由一条连续线连接起来。

方法：可先用左手，以即时激活右脑，后用右手。

a. 拇指在鼻梁正前方约45厘米处，眼望拇指。

b. 拇指沿逆时针方向在左边画圆，眼睛追视拇指。

c. 完成左边画圆后，拇指回到鼻梁正前方。

d. 拇指沿顺时针方向在右边画圆，双眼一直追视拇指。

e. 拇指在鼻梁正前方回入左边的图形，开展新一个循环。

f. 切记，每当拇指跨过"卧8"的中点，都是斜向上穿越的，才是正确的方向。

提示：站立，水平向前方望着一点，便是"卧8"的中点；眼睛跟着"卧8"的轨迹移动，头部微转，颈部保持松弛；每只手重复3遍。

二、数呼吸法

目的：让心能够安静下来。注意力不集中、记忆力不好，尤其在学生期

---

[1] 选自美国人丹尼逊所著的《健脑操26式》。

的孩子上课不爱听讲，对所学的内容专注力不够的学习此法效果显著。

方法：闭上眼睛，自然轻松地专注在一呼一吸上。用数呼吸的方法，不让心分散，尽量把心安放在呼吸上，然后去数，去专注。清楚地用心观照呼吸，当呼气时，把注意力集中在数呼气的数目上，可以每呼出一口气，数一个数字，数到第十，再从第一数起，如此周而复始。或者于吸气时念数，方法与数呼气相同。

三、读故事，听关键字

目的：提升孩子的听觉注意力及记忆力水平。

（父母读完后，请孩子回答问题）

读故事：

负薪挂角

汉朝时期的朱买臣，小时候，家里很穷。为了维持生活，他每天都得上山砍柴，没有时间读书。但是他好学不倦，常常背着柴一边走，一边看书。

隋朝有一个叫李密的人，小时候给人家放牛。每天出去都要带几本书挂在牛角上，趁牛吃草的时候，他就坐在草地上用心读书。

问题一：故事中讲到了（　　）朝的朱买臣，以及（　　）朝的李密的事迹。

问题二：（　　）常常背着（　　）一边走，一边（　　）。

问题三：李密小时候给人家（　　），他就坐在（　　）用心读书。

四、曼陀罗的绘制（即在圆圈里面绘画）

曼陀罗本义为"圆形"或"中心"，引申作"以圆形代表宇宙，以方形代表地球与人为世界"的图形。心理学家荣格发现，我们每一个人的内心都是分裂的，以至于我们需要用曼陀罗把它整合起来。

目的：静心，疏导不良情绪，提升知觉力。

所需材料：铅笔、水彩笔、彩铅、油画棒。

基本步骤：

1. 准备阶段——入静

先静坐 3 分钟，将注意力集中在呼吸上，让自己一点点沉静下来。

2. 绘画阶段——专注

选择任一画笔，进入绘画时，尝试保持清醒、专注的意识状态。

请开始绘制下面这幅曼陀罗吧！注意画时不要超出圆圈外圈！可以从外圈向内圈涂色，也可以从内圈向外圈涂色。

还可以自主绘一幅曼陀罗，可以在下页的空白圆圈里，画上任何自己想画的图案，并且仔细涂好色彩。

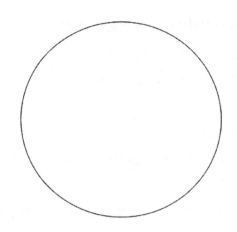

3.完成阶段——想象与观看

完成曼陀罗绘画后，可以尝试从不同的角度观看自己的作品，体会它所带给自己的感受。

最后，将自己的感受、发现与领悟用言语梳理出来，可以记录在作品旁边空白处或者日记本上，或者跟父母分享，还可以给自己的曼陀罗作品取一个恰当的名字，至此，一次曼陀罗创作完成。

五、给数字画线

目的：提升视觉注意力和快速反应能力。

方法：父母可以在一张纸上写出几组数字，每组都是一连串的数字，一式两份，家长和孩子各人一份，同时做，看谁先又快又好地做完。有三种题型可以练习。

1.在某个数字下画线。如划消"7"，如：567814237145607985427608277 0507248795707489。

2.在两个相同的数字下画线。如：440987883479934295539667571197056 6300170245。

3.画出相邻的其和等于15的两个数字。如：67896458736585915 4287537

06910874614576901178。

六、玩扑克牌

目的：锻炼孩子注意力高度集中和快速反应能力。

方法：取4张不同的牌，随意排列于桌上，如从左到右依次是红心1、梅花5、黑桃4、方块8，选取一张要记住的牌，如梅花5，让孩子盯住这张牌，然后把4张牌倒扣在桌上，由家长随意更换4张牌的位置，然后，让孩子报出梅花5是哪张。如孩子说对了就胜利。父母与孩子轮换做游戏。随着能力的提高，可以增加难度，如增加牌的数量，变换牌的位置的次数和提高变换牌位置的速度。

七、舒尔特表

目的：锻炼孩子的视神经末梢，培养注意力集中、分配和控制能力；提高视觉的稳定性、辨别力、定向搜索能力。

方法：按1到25的顺序找出数字，由父母计时。时间越短越好，但也不必过分计较时间。

4	21	15	22	25
12	3	18	24	17
5	13	1	14	20
9	2	7	8	23
10	6	11	16	19

八、复述数字

目的：锻炼孩子注意力和记忆力。

方法：父母一开始先报简单的几位数，让孩子复述，父母再不断地增加一位数，让孩子复述。每次只增加一位数。比如父母报"168"，孩子重复一遍，父母再报"1687"，孩子再重复，父母再报"16875"，孩子再重复，以此类推。孩子能记住的越长越好，但也要视程度适可而止。

这 7 个训练中，健脑操和数呼吸的方法可以多次进行相同的练习；涉及故事的，可以每次变换故事内容；涉及数字的，可以每次更改数字；涉及图片的，可以每次更换图片进行练习。如果每天抽不出时间，可以一周练习一次。反复多次练习，坚持 30 次（天），孩子的注意力和记忆力都会有一定的改善。如果还是丝毫没有改变，也可以到医院去做检查或是治疗；如果有一些改变，但改变不多，则可以坚持更久一段时间的持续训练，以及审视一下孩子心理状况及父母心理状况。

除了以上训练，父母营造良好的家庭关系也很重要，这样可以让孩子心无旁骛；平时不随意打扰孩子，比如说孩子专心地在玩积木、做手工、画画、看绘本等，又或是在外面专心地追逐蝴蝶、观察蚂蚁等，这个时候都不要随意地打断孩子，要耐心地等待孩子做完他感兴趣的事情，这些做法都有利于保护孩子良好的注意力。

当孩子的注意力集中，孩子的学习能力自然会提升，做事自然会更高效，这样，父母想要做一个轻松的"甩手掌柜"也不是不可能了。

如何消除孩子的学习疲劳

韩愈有句名言："书山有路勤为径，学海无涯苦作舟。"可见，学习在很多时候是比较辛苦的。不过，有时候，父母会忘记学习是辛苦的这回事，又或者觉得就算辛苦，那好好忍着就行，因为吃得苦中苦，方为人上人。

其实，我个人觉得学习是苦乐参半的。又或是苦也可以试着去把它消化消化，这样就变得没有那么苦了。又甚至苦也可以把它转换成一种快乐。

记得我小时候，学习成绩非常好。我的班主任问我："你觉得学习辛苦吗？"我回答："不辛苦呀，我觉得很快乐！"当时，我的班主任告诉我，觉得不辛苦，说明用功还不够，但我本人觉得自己还比较用功。

我那时不觉得辛苦的主要原因，是当时在农村的学校作业很少，比起干农活，学习让我感觉更舒服。而现在的孩子，大多是不用干农活的，就算生在农村，因为现在各方面条件好了，大人们都舍不得让孩子干活，况且很多农活都是机械化了。所以，学习就成了让现在的孩子感觉最辛苦的事情，因为除了学习，就是玩的时候。

当然，后来越往高年级作业越多时，我偶尔也会感觉到学习是有些辛苦的。而当感觉到辛苦时，我会适当放松一下。我会找人一起玩，比如打羽毛球、跳绳等，接着再去学习，这样，我又能感觉到学习的乐趣。而每一次成功挑战难题之后，我都感觉到那种由苦变乐的惬意。

我接触的个案当中，也了解到很多孩子会觉得学习辛苦，在学习上感觉到很疲劳。确实，如果孩子长时间学习，又没有很好地进行调节的话，那么就会在生理和心理两方面产生倦怠，致使学习效率下降，甚至到了不能继续学习的程度，这时就可以称为产生了学习疲劳。疲劳现象有各种形态，主要可分为生理的（或身体的）疲劳和心理的疲劳，但主要是心理的疲劳。

因此，我整理了一些可以有效地帮助孩子消除学习疲劳的方法：

第一个建议就是当孩子觉得学习太苦太累时，要给孩子一些时间去放松。比如在家里学习累了时可以做甩胳膊的动作，就是张开五指用力地往下甩动手指和胳膊即可，一次做5到10分钟，这样人会变得放松下来；再有多一点时间时可以去做运动，比如到小区跑步；又或是周末时，父母可以带孩子到野外，去到大自然中去拥抱大树，这样可以释放压力；同时也可以鼓励孩子放声大笑，大笑可以释放快乐激素，有消除疲劳的功效。

第二个建议就是可以做放松冥想。比如给孩子放上一段轻柔舒缓的音乐，让孩子轻闭眼睛，一边做深呼吸，一边想象身体在放松，从头到脚都在放松。想象吸气时气体进入身体的每一个部位，想象呼气时呼出所有的压力和烦恼。一边呼吸，一边计数，一吸一呼为一次。从1数到10之后，又再从1数到10。一般来说，这样配合数呼吸来听音乐，次听完一首放松音乐或是进行5到10分钟左右，就会感觉比较放松。

第三个建议是与孩子一同进行亲子游戏。有哪些亲子游戏可以做呢？

A.孩子手心朝上，父母手心朝下，孩子翻手打到父母的手背为赢；然后换父母手心朝上，孩子手心朝下……每次玩5到10分钟，可以让孩子身心放松下来。

B.给孩子做头部按摩，按摩的方法如下：

前额：双手拇指放在眉心，其余四指放在孩子头两侧，拇指由眉心至太阳穴，3到5次。下颌：两拇指放在下颌中央，其余四指放在孩子脸颊两侧，双手拇指向外上方按摩至耳后下方，画出微笑状，3到5次。头部：两手指尖相对，手心向下放在孩子前额上，食指与发际相平，双手同时抚过头顶至脑后，3到5次。

以上方法均可以消除学习时的身心疲劳。

有一个古人，他想到的是用头悬梁的方法来对治学习时身体的疲劳，当他读书疲劳时打盹了，头一低，绳子就会牵住头发，这样会把头皮扯痛，马上就清醒了，再继续读书学习。这就是孙敬头悬梁的故事。这是一种对抗身体疲劳的做法。当然，这样的方法现代已经不提倡了，但可以适当地用一些我前面说的方法或是做一些心理暗示，提醒和告诉自己，这是有助于精力充沛地学习的。还有可以多培养自己对学习的兴趣，这样就不容易觉得学习辛苦，从而也不会太容易出现学习上的心理疲劳感。

父母还可以在家里多种一些绿植，插一些鲜花，让孩子触摸这些绿植与鲜花，这样也可以帮孩子消除部分的学习疲劳。

有一个找我做咨询的高中生个案，这个高中生曾经就因为学习太紧张又担心学习不如人，从而出现学习疲劳，后来还发展至焦虑症。在我了解清楚他的原因后，除运用心理学方法让他学会正确看待学习，运用催眠让他放松外，给他的家庭作业就是多做运动、放松冥想以及多做亲子游戏，后来，这个高中生很快就好转了。

如果一直给学习积累太多劳累和压力的话，那么身体就会变成一个压力锅，压力会不停地往上涨。当涨到一定的程度时，就需要给它一点点地泄压，如果不泄压，那么势必会炸锅。

父母想让孩子有一个好的学习状态，就要及时帮助孩子消除学习疲劳，这样孩子才能轻松上阵。

学习真的是最重要的事吗

某日，小儿子问我："妈妈，学习是人生最重要的事情吗？"我想了一下，回答道："学习是人生很重要的事情！"

"那是不是最重要的事情呢？"小儿子继续问道。

"那要看跟什么事情比。如果跟生命比起来，学习的重要性就不能排在它的前面；如果跟一些无关紧要的事情比，学习就是最重要的。"

正在上高三的大儿子这时过来插了一句："学习对于此刻的我来说就是最重要的事情。"小儿子似懂非懂地点了点头。

其实，大部分的孩子都能够重视学习，但也有部分孩子因为学校的学习不是自己擅长的，于是，在学校的学习会很有挫败感，这时，如果父母强逼孩子一定要学得好，必须考多少分等等，就会让孩子更加难受；如果父母忽视了孩子本身的特点和感受，只看重学习的话，那么，孩子就不会感受到父母的爱，亲子关系就会出现问题。

曾经有这样一对母子来找我做咨询：11岁的孩子总是说妈妈不爱他，也很容易玻璃心，很容易哭泣，还动不动说要离家出走。细细聊下来才发现，原来妈妈总是特别在意孩子的学习成绩，要是孩子没有考好，轻则惩罚，重则打骂。

孩子感受不到妈妈对他这个人的关心，只感受到了妈妈对成绩的关心。其实，当孩子没有得到父母真正的关爱时，内心会不安，从而也容易玻璃心。这位妈妈只要调整对待孩子的方式，让孩子明白，父母对他的爱不会因为成绩不好而减少，孩子内心自然不会那么脆弱，也不会出现破罐破摔、说要离家出走的情形。

我有一位朋友对待孩子的做法，倒是很值得一些父母借鉴。朋友的女儿刚上初一时，离开家里去住校，加上从小学到初中，学习量一下子加大，孩子很不习惯。孩子哭着打电话说："妈妈，我太难受了，不想上学了，我想回家！"我的朋友听完就说："孩子，如果实在太难受就先回来住几天吧。"于是，朋友就去接孩子回来了，在家里的几天，朋友也不要求孩子学习，而是让孩子完全放松，还每天带孩子到公园跑步，言行中只传递出对孩子身心的关爱。就这样过了几天，孩子自己就说："妈妈，我觉得自己休息好了，可以去上学了。"从那之后，孩子再没有说过不想上学的话。

也许有的父母看到这里会纳闷，当孩子说想回家时，真的就可以允许孩子回家吗？这样是不是太放纵孩子？事实是，如果真的是对孩子不闻不问，任由孩子怎样，这是放纵；而如果在孩子实在没有办法应对学校的一切时，允许孩子暂时休息，并且给予孩子关爱与温暖，这不是放纵，而是对于孩子心灵的滋养。当一个人感受到真正的爱时，受挫的心会被疗愈，内心自然会变得积极向上。当孩子感受到父母不是把他当学习的机器，不是认为只有学习才最重要，而是感受到父母对于自己充满关爱时，孩子内心反而就会有力量去应对学习与生活了。

当然，我还见过正好与我的朋友做法相反的父母，他们来找我做咨询时会头疼地说："孩子说不想上学时，我当时也没有问缘由，就告诉孩子不能那么任性，不上学可不行。最后孩子就一直不愿上学，已经在家里半年了。"这种看似不纵容孩子的做法，最后是"害苦"了孩子，孩子没有得到父母的接纳与关爱，最后，孩子变得退缩了，因为他内在已经没有力量去面对外界了。

如果父母在那个时候对于孩子有更多的理解，允许孩子倾诉，了解孩子不想上学的原因，探讨可行的一些方案，多一点去接纳孩子，让孩子慢慢感受好起来，这样，孩子就不会需要一直躲起来疗伤了。

著名的心理学家、育儿专家李玫瑾的女儿上学期间文化课并不是很好。

可是李玫瑾说："宁可女儿上不了大学，也要让女儿快快乐乐！"所以，李玫瑾没有总是揪住孩子的学习，而是去发现孩子其他擅长的东西，让女儿做自己快乐的事情。最后，女儿专研音乐，成了大学的一名音乐老师。

狭义的学习，是学校的学习；而广义的学习，其实有很多的途径。有些人不擅长狭义的学习，但是擅长在生活中、社会中广义的学习，这样的人，一生也不会差到哪里去。

既是哲学家又是心理学家的弗洛姆曾说过一段话："教育的对立面是操纵，它出于对孩子之潜能的生长缺乏信心，认为只有成年人去指导孩子该做哪些事，不该做哪些事，孩子才会获得正常的发展。然而这样的操纵是错误的。"很多父母太过于在意孩子的学习成绩，把孩子逼得过紧，其实就是在操纵孩子。

我曾在网络上看到这样一段话："当你看到孩子成绩时，无论好坏，请想想：每个孩子都是一颗花的种子，只不过花期不同。有的花，一开始就灿烂绽放；有的花，需要漫长等待。不要看着别人的花怒放了，自己的那颗还没动静就着急，相信是花都有花期。细心地呵护自己的花，慢慢地看着他长大，陪着他沐浴阳光风雨，这何尝不是一种幸福？相信孩子，静等花开！也许你的种子永远不会开花，那是因为他是一棵参天大树！"

不在学习成绩上与孩子较劲，而是多关爱与相信孩子，至于学习是不是人生最重要的事情，就让孩子自己做主吧！父母不必为孩子的学习而大动肝火，有时，父母乐得清闲与放手，反而是对孩子更有效的一种教育。

还用深究学习到底是不是人生最重要的事情吗？相信各位父母读到这里，会有自己的答案。

父母之爱子，则为之计深远

曾看过一部电视剧叫《知否？知否？应是绿肥红瘦》，在这部剧中，几乎所有的母亲都提到一句话："父母之爱子，则为之计深远。"这句话，是剧中那些母亲的肺腑之言，也是现实生活中很多父母内心深处的想法。可是真正怎样做，才叫作计深远呢？

剧中的小秦氏、林噙霜和王老太太，为了让孩子拿到眼前的利益，用尽各种手段，祸害他人，自认为这是因爱子而做这样的深远谋划，岂知这样做恰恰导致孩子走向万劫不复的深渊。

而盛明兰的母亲，她爱孩子是教会女儿洞察世事，不冲动行事；她让孩子藏起聪慧，掩盖锋芒，忍辱负重，并且从不给孩子负面的情绪。虽然能力和条件有限，但她用心中的坚毅和善念熏陶着女儿，她要明兰在自己离世后去跟着老太太，以此保全明兰及让明兰有一个好前途。明兰的母亲可谓真正为女儿做了一个比较长远的打算。

但剧中最出色的母亲，应该算是盛老太太。老太太有大局观，眼界高，能洞悉一切，也能把握好分寸，做好平衡，把善良、明理、担当传授给明兰，成就了明兰那样一个有魅力的韬略女性。

在现实生活中，有很多的父母会想为孩子的将来谋划。而这种谋划是怎样的呢？有的父母是让孩子参加各种各样的补习班，想要让孩子提高成绩；有的父母是不停地督促孩子，觉得只有这样孩子才能做得更好；还有的父母想着给孩子积累很多的财富，让孩子衣食无忧……

但这样下来，很多的孩子因为周末一直在参加各种培训班，没有空闲的休息时间，最后变得厌倦学习；很多的孩子因为父母的各种督促、唠叨、责骂而变得焦虑抑郁；一些孩子想着家里反正有财富留给自己，于是不需要努力，可以躺平……

父母最应该让孩子拥有的是什么呢？最应该为孩子谋划的是什么呢？

有一对相依为命的泰国母女，以贩售鲜切水果为生。妈妈不识字，在教导孩子时，没有过多的言语。她以销售凤梨为例，引导小孩靠自己去寻求解决问题的方法。女儿想吃冰棒，她没有富余的钱给女儿买，于是，她自制凤梨冰棒给女儿吃；女儿吃完，想着这个可以拿去卖给其他小伙伴，于是，她鼓励女儿可以去做；女儿做的冰棒卖不出去，她就鼓励女儿去市场看看怎样才能卖得更好……女儿从尝试，到学习他人，到改进方式，最后冰棒卖得非常好。并且学习也特别好，最后考上了泰国最好的大学。

这位母亲道出她一直鼓励女儿的初心："哪天要是我不在她身边，我相信，她也会很好。"这句话让人为之动容。

曾国藩十六字家训是：家俭则兴，人勤则健，能勤能俭，永不贫贱。不论富贵家庭或普通家庭，如果能够像曾国藩一样教育孩子勤俭节约，长远来说，这对于孩子是大有裨益的。

老鹰培养孩子的方式，是把小鹰带到一片悬崖上，还未等小鹰站稳，便一下子把它推下去。小鹰为了生存，只好拼命地扇动翅膀。由此，小鹰学会了飞翔，学会了翱翔于天地之间。

所以，在我看来，父母对于孩子的爱，最长远的打算，应该让孩子能够热爱生活，保持他们对世界的热爱和好奇心，而不是磨灭他们的兴趣；让孩子有能力去创造生活，最终也有能力创造世界，而不仅仅是限于书本的学习；让孩子能够热爱生命，而不是自我伤害或是伤害他人，让孩子最终走向幸福的人生。

当我们给孩子做这样深远的打算时，眼前偶尔考试没有考好，又或是有个小毛病、出个小差错，或出现点小困难……这些，又有什么关系呢？

　　大概有些父母也会纳闷：那让孩子热爱生活、创造生活、热爱生命又该如何做呢？让孩子热爱生活，就是多和孩子体会生活的乐趣，多给孩子制造欢笑；让孩子创造生活，就是保护孩子天生就有的创造力、满足孩子的探索欲、接纳孩子的奇思妙想，和孩子一起面对困难，遇到问题时不急不躁，鼓励孩子去解决问题、突破问题，舍得放飞孩子而不是让孩子止步不前；让孩子热爱生命，就是任何时候不贬损孩子的人格，允许孩子有做得不够好的时候，在失败时告诉孩子人生不会永远失意，跨过沟坎，就会是平坦大道，就像阴天不会是永远的，雨天过去就会是晴天。由此，让孩子能够有勇气坚定地去走人生的每一步，最终让生命发挥应有的价值，去历经人生的风雨与享受生命的彩虹。

　　而通过《知否？知否？应是绿肥红瘦》的剧情，我们最终看到看得远、顾大局、明事理、辨善恶，这些都是让孩子受益终生的深远大计。

　　所谓的"计深远"，实则并不需要父母为孩子做过多的谋划，它不过就是隐藏在我们的一言一行之中。父母为人处事的做法，父母对待生活和人生的态度，都在潜移默化地影响着孩子。

孩子，是魔鬼还是天使

俗话说无仇不成父子。在父母与孩子的相处当中产生矛盾，甚至彼此仇视也是常见的。

在我的一次父母沙龙中，有一位妈妈说自己小时候没有感受到父母的爱，而现在自己有了女儿，她能感受到自己对女儿是有恨意的。刚听到这话时，很多父母跟我一样很纳闷："天底下竟然真的有不爱孩子，反而恨孩子的父母？"但紧接着，另外一位妈妈附和说自己也有时像这位妈妈一样不喜欢孩子。

这位妈妈恨孩子的原因，表面看起来，大抵是因为很多时候，孩子让她感觉到累和烦。这位妈妈在生下女儿后，紧接着又得了抑郁症，每每看到孩子就觉得很不舒服，特别是孩子哭闹的时候，便感觉到无比心烦，觉得这个孩子简直就是一个来到人世间的魔鬼。在那个时候，她就告诉自己，她不喜欢这个孩子，她恨这个孩子，因为这个孩子让她很不舒服。

后来，她接受了治疗，抑郁症好转，平时她看着女儿还好，但只要女儿做错了事，她便觉得女儿怎么那么讨厌、怎么那么差劲呢。随着沙龙中的深入讨论，她回忆起女儿所犯的那些错误，其实，很多都是她小时候犯过的。那时，母亲也不允许她犯这些错误，她对母亲却敢怒不敢言。而从小，母亲便有意无意透露其实一直不想要生一个女儿，母亲想让父亲开心，想要生一个儿子，却偏偏生了她。她的出生，一开始就不被母亲喜欢。

说到这些时，这位妈妈便哭了起来。没有想到，母亲不喜欢女儿，自己竟然也继承了母亲的心态，也不喜欢女儿。当她回忆到这些时，我请她思考问题到底出在哪里。是真的恨女儿很差劲吗？还是恨自己当年没有让父母如意，恨自己是一个女儿，觉得自己不够好，以及像父母一样，觉得生女儿就不好，并且把当年父母对待自己的不良情绪也发泄到女儿身上？她说是后者。

另外一位附和说不喜欢孩子的妈妈，说到自己小时候其实能够感受到父母对自己的爱。但是，为什么有时候也会不喜欢孩子呢？她说最不喜欢孩子的时候，就是看到孩子不愿意多学习一会儿。她说自己从小是一个很爱学习的人，为什么偏偏孩子没有像她，而是像他的爸爸。每每想要孩子多学习一会儿时，原本温顺的孩子就会变身魔鬼，她与孩子便进入"人魔大战"。

第一位妈妈说觉得孩子是魔鬼，是无意之中继承了自己母亲的一些部分，当她觉察到了之后，我邀请她去看看孩子除了有"魔性"的部分，还是否有"天使"的部分呢？她回答说，其实女儿有很多时候都像"天使"一样。比如女儿这么小就会做饭，会帮忙晾晒衣服，学习也不用操心，非常自觉。最后，她还说不喜欢女儿身上的缺点，其实自己身上也有，说白了，也是对自己不够接纳，所以才那么不接纳女儿。后来，我们邀请这位妈妈学会接纳自己、欣赏自己、悦纳自己。过了一段时间，这位妈妈终于能够更多感受到，孩子是天使而非魔鬼了。

而那位附和的妈妈，她说孩子虽然不像她个性沉稳内敛，但孩子热情奔放、外向，有很好的人缘，虽然孩子不愿学习她增加的内容，但是学校要求的作业还是能完成，虽然孩子的学习不算太出色，但是也随他爸爸，特别擅长与人交往；不谈学习时，孩子也总是很孝顺她、很暖心，有好吃的都要先给她吃。这样说来，似乎也能算得上是"天使"。

其实，感觉孩子是魔鬼时，也可以去看看自己的内心，是否有一些东西需要清理。孩子有时就像一面镜子，可以照见我们的内在，有时照出的是我们过往的创伤，有时照出的是我们对孩子不够接纳，有时照见的是我们只有一条自我的评价标准，没有多维度地去看见孩子。

在我们的父母沙龙中，也有的妈妈会说，有时看见孩子的一些行为令自己很不喜欢时，明显感觉到是自己要变成魔鬼了，要厉声呵斥孩子，而不是孩子是魔鬼，想想自己的那个样子也挺吓人的。所以，当我们说孩子像魔鬼或是像天使时，也可以去反观一下自己，自己对于孩子来说像魔鬼，还是像天使呢？

作家张晓风对她的儿子诗诗有过这样一段描写：

如果你是天使，你便不会扶着墙跌跌撞撞地学走路。我便无缘欣赏倒退着逗你前行的乐趣。而你，诗诗，每当你能够多走几步，你便笑倒在地，你那毫无顾忌的大笑，震得人耳麻，天使不会这些，不是吗？并且，诗诗，天使怎会有属于你的好奇，天使怎会蹲在地上看一只细小的黑蚁，天使怎会在春天的夜晚讶然地用白胖的小手，指着满天的星光，天使又怎会没头没脑地去追赶一只笨拙的鸭子，天使怎会热心地模仿邻家的狗吠，并且学得那么酷似。当你做坏事的时候，当你伸手去拿一本被禁止的书，当你蹑着手脚走近花钵，你那四下溜目的神色又多么令人绝倒，天使从来不做坏事，天使温驯的双目永不会闪过你做坏事时那种可爱的贼亮，因此，天使远比你逊色。

觉察自己是魔鬼，还是天使，是爱魔鬼、天使，还是爱孩子本身，这是我们作为父母的功课，父母的成长也由此开始。而当你爱的就是孩子本身时，就不会坠入被折磨的境地了。

孩子不想写作业怎么办

有一天，小儿子的作业比较多。他便说："我不想写作业，为什么要有那么多的作业？我讨厌那么多的作业。"说完就坐在书桌前，一动不动。

看他那个样子，我有点想生气，但我知道，生气也解决不了问题。于是，我心态平静地抱了抱他，接着走到书桌旁，拿出我要练习的书法，开始一笔一画地写起来。小儿子偷瞄了我一眼，然后便开始写自己的作业。这就是身教的作用。

有时，一些家长来问我，孩子写作业就犯难，那到底该怎么办呢？我给家长的建议是：如果孩子面对作业情绪确实比较大，那么，可以先共情（即设身处地理解）他，先让他感觉好起来。具体的做法可以是先问问他："面对这么多的作业，你感觉很烦是吗？（或是'你感觉很犯难是吗？'）来，让妈妈抱抱！"（拥抱会给人温暖，整个人会放松下来，烦躁的情绪会被赶走。）如果年龄比较小的孩子，可以抱着走动一会儿。

一般来说，等孩子感觉好了，自然愿意写作业。如果孩子还是不愿意，可以再问一下孩子："是不是真的觉得作业太难了，不会写？"这时，我们可以让孩子从会写的、最简单的写起。心理学家肖恩·埃科尔提出的"20秒启动法则"，我们可以运用在孩子写作业中。20秒启动法则，是指当一件事启动时间大于20秒，那么事情就会往往很难启动。

例如，对于成人来说，如果书房的书太多，房间很乱，收拾时间比较长，我们就可能会拖延，但是如果只是让我们把地板上的一张纸捡起来，我们就很容易顺手做了。孩子写作业也是一样，假如孩子感觉太难了，我们可以牵着孩子的手一起坐在凳子上，先让孩子写一个字，孩子一旦写了一个字或一句话，大脑就会开始兴奋，兴奋的神经就开始点燃学习热情。一个行为的启动会产生行为惯性，行为惯性会带来持续的成果，孩子由此就能顺利地往下写。

心理学表明：越小的动作越容易启动，越大的动作越容易拖延。所以，面对作业犯难的孩子，不要强调他有很多作业需要赶紧写，而是让他先写一点看看。另外，还可以让孩子把作业分成几个小目标，做一个打钩表，每完成一项小目标（或完成一项作业后）打一个钩。这样每完成一项，孩子就有一点成就感。多次下来，孩子就不会那么抗拒写作业了。

有这样一个故事：一个孩子不爱吃饭，父亲带回了一只新颖别致的椰壳，孩子看见后爱不释手，父亲用锯开的椰壳给孩子盛饭，孩子一下子饭量大增。这一现象被称为"椰壳效应"。

如果在写作业中，我们也能细心发现孩子喜欢的"椰壳"，那么，孩子自然就会更加愿意去好好完成作业。因此，父母可以在引导孩子写作业的时候，用孩子感兴趣的方式引导。比如孩子喜欢听故事，就可以跟孩子说："宝贝，你如果在半小时内把作业写完了，咱们就可以讲你爱听的故事了。"

在我的工作中，有时会遇到一些父母用了一些非常糟糕的做法去对待孩子。例如孩子不想写作业时，父母的反应就特别激烈，表现出烦躁、愤怒，甚至打骂孩子，这样孩子就会愈加不想写作业，愈加不想学习。这时的父母需要转变、需要淡定，以身作则或是很好地共情孩子，并且给孩子一个完成作业的"椰壳"，这样，孩子就往往会乐意写作业了。

曾经也有一个孩子跟我说："老师，我觉得我们家不公平，全家五个人，为什么只有我一个人要写作业？爸爸妈妈不用写作业、爷爷奶奶不用写作业，我却每天都要写作业。"从这段话语，我们可以看出，当孩子写作业时，家里的其他人最好不是在娱乐，否则，孩子容易有情绪，会觉得"爸妈整天捧着一个手机在看，却让我写作业，这不公平"。孩子写作业时，父母最好有一些事情在做，如安静地做家务，又或是看书、练字等。

有报道说，有一位 36 岁的宝妈因为辅导孩子写作业的事情气到心梗，消息在网络流传后，也有很多人跟帖说经常被孩子写作业的事情气到不行。上了一天班，还要管孩子的作业，确实会觉得疲惫不堪，于是很容易上火生气。

如果父母面对孩子的作业，没有办法控制自己的情绪，那么，就不妨不去管孩子的作业，完全交由孩子自己去面对作业，也由此让孩子学会对自己的事情负起责任；如果父母想要辅导孩子的作业，则需要放下焦躁，多一些耐心，换位思考一下，想想孩子写作业并不比我们轻松，也可以试试上面说的方法，如此，亲子双方就不会进入互相伤害的死胡同。

当孩子不想写作业时，父母用对了方式，作业就不会成为家中的一大难题，亲子关系也会进入良好的状态，父母自然也就不用做伤神生气型的父母，而是可以轻松地做心情舒畅型的父母了。

家里一地鸡毛，该怎么办

有这样一位全职妈妈，养育两个孩子。家里虽然有公公婆婆帮忙照看一下孩子，也有保姆帮忙做饭，这位妈妈却时常感觉焦头烂额。因为孩子三天两头在学校有不好的表现，而只要有表现不好的时候，老师就找她，而她每次跟老公哭诉说孩子又被投诉时，老公还总是指责她……

孩子们虽说不让她省心，但是也不会犯什么大错，只是偶尔像是忘记带书本去学校呀，没有交作业呀，上课走动呀，讲了一句脏话呀，打扰同学呀……虽说都是一些小事，但让这位妈妈感到不胜其烦。

在这位妈妈与我的谈话中，我发现她像是一个没有长大的小孩。这位妈妈都是用一些幼稚与随心所欲的做法去对待孩子。比如在孩子面前，从来没有表现得像一个家长，在家庭里也没有给孩子立过规矩；比如比较情绪化，开心的时候能够跟孩子打成一片，不开心的时候就会打骂孩子；又比如只要孩子表现不好时，她自己就会先哭得稀里哗啦——仿佛退行至小孩时期被冤枉的样子，又或是像小孩时期跟父母要糖而要不到的状态……

这位妈妈不需要去外面工作，也不用负责家里的家务，她只有一个任务，就是管教孩子。这位妈妈平时喜欢玩乐，管教孩子就成了阻碍她玩乐的痛苦事件——她的心态依然停留在小孩子时期，只想玩乐，不想对家里其他人负责。

对于这位妈妈说的"家里一地鸡毛，我该怎么办"，我的建议是成长自我，让自己像一位妈妈。

那如何成长呢？这几年，我一直在带成长工作坊。可是这种内在的成长要怎么做呢？每一个人会有所不同，但又大体相同。

首先，去看到童年的创伤。

这位妈妈，从小面对的是父母的严格要求。她的父亲是军人，每次对待她就像对待士兵一样，要求完全服从。从小就不允许她哭泣。每当她的要求父母不答应时，她正想哭呢，父亲却一声令下："不许哭！"于是，她的内在就积压了太多的委屈。而因为她的父母对她过于严格的要求，让她感觉不快乐，因此她觉得自己的孩子就不用去要求他们，让他们快乐一点就好了。

可是，殊不知这样从不要求孩子，孩子便没有规则感，所以在学校便经常不守规则；而当孩子被老师投诉时，她因为讨厌规则，又不懂如何去教育孩子守规则，所以便手足无措地哭起来了——甚至勾起小时候的委屈，持续地大哭，让小孩子很不解，而老公这时也觉得她哭得莫名其妙，所以也会受不了她这样。

当她在我们的课堂当中去看到自己童年的创伤，去释放自己的委屈，去跟父母有更多的连接时，她便迈出了成长的第一步，不再停滞在孩童的情绪状态里。

其次，走出受害者模式。

很多时候，这位妈妈觉得学校的老师，还有家里的老公都是针对她，故意说一些让她难受的话。而事实上，是她一直习惯把自己放在一个受害者的模式里面，习惯于先行在内心认定他人都对自己不好，然后抱怨他人，把他人、外界放在对立面。

当我请这位妈妈用心理学上的一种治疗方法："空椅子"技术与"他人对话"，进行角色扮演的谈话之后，这位妈妈便理解了老师及老公的做法，便不再觉得老师及老公是针对她。接着，我邀请她去写下过往曾经伤害过她的事件，先用受害者模式去叙述，然后，用负责任的态度去叙述。

受害者模式："爸爸妈妈当年就是不爱我，才会对我要求严格。就是爸爸妈妈这样对待我，我才会一直不开心。"负责任的态度："爸爸妈妈在他们的认知里面，已经尽力去做了他们认为对我好的事情，我现在已经成人，有责任也有能力对自己的人生负责了！"

受害者模式："老师就是故意找我的茬！"负责任的态度："老师需要教育学生，我作为母亲更应该教育孩子。老师告诉我孩子的状况是希望家校联合，一起把孩子教育好！"

受害者模式："老公总是指责我！"负责任的态度："老公希望我更成熟一些，不要像一个小孩子一样哭哭啼啼地面对事情，他在提醒我。是的，该成长与转变自己了！"……

她发现，当用负责任的态度去叙述时，那些伤害过她的事件，她便可以原谅、放下，甚至感恩了。走出受害者的模式，便完成了成长的第二步，内心正向的、积极的力量便会滋长出来。

最后，活在当下该有的状态里，呈现内在本自具有的力量。

以自省、自爱、给予自己力量的状态去过好当下的生活，可以思考：当下，对于自己来说，最重要的事情是什么？我最重要的角色是什么？我如何让当下的关系圆满、让生活圆满？

这位妈妈在生完孩子之后，其实还没有真正进入妈妈的角色，还没有意识到一位妈妈该有的责任，总觉得家里反正有人给孩子吃喝就行，不知道作为一位妈妈该承担起教育、陪伴、示范的责任。

当然，也是因为她从小缺少玩乐的时间，所以才会在离开原生家庭之后，拼命地想要出去玩乐来弥补过去的缺憾。随着我们探讨的深入，她明白到可以合理安排给孩子的时间以及给自己的时间；明白到要给孩子爱与规则，既让孩子感受到她的爱，又让孩子明白该遵守的规则。另外，在做好妈妈的角色的同时，也告知孩子每个人都有自己的角色任务，作为孩子的角色、学生的角色该如何做好自己。而当她清晰了自己作为妈妈的角色之后，也清晰了自己作为妻子的角色，在老公面前不再像之前那样委屈自己，而是敢于表达自己的想法，她也更加懂得了什么才是真正的爱自己。

一段时间之后，她便对自己角色的把握游刃有余，她的内心也开始变得更加有力量，说出去的话，该坚定的时候坚定，该温柔的时候温柔。那之后，她说，孩子和老公也都变得"乖"了。

这就是成长，这就是蜕变，由自省自爱完成调整自我、成长自我，激活了内在的力量。当我们完成疗愈，并不断去觉察自己，去实践该做的事情时，内在的力量就会慢慢地被激发出来。

所以，家里一地鸡毛，其实往往是在提示自己该成长和改变了，明白了这一点，自然能走出困境。

父母和孩子，谁最需要成长

一次，跟一位全国优秀校长吃饭，他给我们分享了一个真实的故事：在20世纪90年代，有这样两位民办教师，一样的年龄，一样的教学水平。一次，教育局组织专家给民办教师培训，培训可以自由决定是否去——因为要交500元的培训费。那时的500元，相当于一个月的工资。这两位民办教师中，A觉得花500元去学习与提升自己，是很值得的事情，于是毫不犹豫地报名去学习；而B觉得花这么多钱没必要，自己的知识还够用，教这些小学生还不成问题，就没去。

但B没想到，十年后，他和A的人生竟然完全不一样了。这十年中，A因为经过系统的教师培训，在教学方面有了很大的突破，取得了很好的教学效果，在民转公的考试中一举成功，最后还成为一名优秀校长；而B因为教学水平一直停留在原地，各种考核不合格，最后被淘汰，回家务农。这就是愿意成长与不愿意成长所带来的两种截然不同的结果。

在我接触的很多家长当中，也能很清晰地看到愿意成长与不愿意成长的明显区别。有些家长看到孩子有问题了，会直接下断言：孩子不好，他要这样，我也没有办法。有些家长看到孩子的问题，便意识到可能是自己哪些教育的方面出现错误了，需要去调整与成长自己，当自己成长之后，就会发现问题的根源，进而改变错误的做法，最后就能更加有效地引导孩子的成长。

有这样的真实例子：一位学习过心理学知识的妈妈与一位没有学习过心理学知识的妈妈，她们都带着感冒的孩子去看医生，医生先后给两个孩子看，说感冒这么多天要进行采血检查，看看孩子是否有细菌感染。两个孩子一听说要扎针采血，都害怕了。

没有学习过心理学知识的妈妈，她的孩子是先看完医生的，采血应该先轮到她的孩子。可是，这个孩子不断地在挣扎，怎么都不愿意去采血，这位妈妈使出浑身解数，好说歹说："宝贝，扎针不疼。赶紧扎完就没事了。"孩子说："不，我知道扎针很疼。我不扎。"妈妈继续劝："宝贝，要不你扎完针，妈妈就给你看会儿手机好吗？"孩子说："不，我不要。"妈妈威胁说："你不扎，妈妈就要生气了！"孩子还是不答应，这时妈妈想把孩子压住，让孩子接受扎针，但孩子用力挣脱跑走了。妈妈气得直跺脚，孩子在远处一副惶恐的神情。

学习过心理学的妈妈，在快轮到她的孩子扎针时，妈妈感受到孩子也很怕扎针，先用理解的语气与孩子沟通，问孩子："是有点害怕吗？"孩子说："是的。"妈妈摸了摸孩子的头，告诉孩子："妈妈小时候也怕扎针。"孩子问妈妈："扎针痛吗？"妈妈说："是的，有一点痛。但这个痛，我们每一个人都是可以承受的。而且也就是一瞬间的痛，很快就不痛了。"

孩子听到这里，轻轻地舒了一口气，心理放松了下来。妈妈这时抱着孩子的肩说："妈妈不会逼你扎针，如果你想先在这里待一待，妈妈就在这里陪着你；如果你感觉可以去面对的时候，妈妈就陪你过去。如果扎针的时候你感觉到痛，你可以用力地握住妈妈的手。"孩子听完，立刻就说："妈妈，我觉得我不怕了，我可以去扎针了！"

那位没有学习过心理学的妈妈，看到这位妈妈的孩子这么快就去扎完针了，很是羡慕，说："为什么你家的孩子就这么乖？我们家的就这么不乖呢？"学习过心理学的妈妈告诉她："并不是你的孩子不乖，而是每个人内心都会有恐惧的时候，在这个时候，你要先设身处地地理解他（心理学上称为共情），他的恐惧才会慢慢减少。也不要骗他说扎针不痛，把真实情况告诉他，抱抱他，表示愿意和他一起去面对，而不是'捆绑'他去面对，这样他就会有勇气了！"

父母很容易给孩子下一个"乖"或"不乖"的结论，如果说孩子也可以评价父母的话，也许他们也要说：为什么别人的父母比我的父母"乖"呢？

我们都知道学习与成长对于孩子来说有多么重要，却忽视了自己的成长对于孩子来说同样很重要。

有很多的父母跟我说："现在的孩子太难管，太难教了。"这正说明现在的父母需要自己学习与成长，才能够有效地引领孩子。以往物质缺乏的时代，人们（包括小孩子）的要求很简单，能够吃饱穿暖就行了，而现在物质得到极大满足之后，人们开始追求精神层面的需要，比如需要爱与被爱、需要尊重与被尊重、需要自我实现等。而如果作为父母，自己小时候没有得到精神层面的关爱，那么，就往往不懂得给予孩子这些。这时，就需要父母去学习，学习如何爱孩子、如何支持孩子自我实现等。

当然，爱孩子也算得上是一门技术活，有些人可能很早就掌握了这门技术，而有些人可能需要成长与改变自己才能掌握。有时，父母单方面地认为自己很爱孩子那就是爱孩子，其实不然。如果父母给出去的爱是喜悦的，并且能让孩子真正感受到的爱，这才算是爱。如果父母对孩子提出过高的要求，给孩子过多的限制，这不能算是真正爱孩子；而如果是给到符合孩子身心发展规律的、适合孩子个性成长的爱，这才算是爱。如果父母只是在物质上过度满足孩子，却在心理上打击孩子，这也不能算是爱；如果能够重视孩子内心的需要，在心理上给予孩子足够的关注与支持，这才算是爱；如果不是溺爱，不是一味地只懂得满足孩子的要求，而是让孩子明白事理，既有规则又有温度的爱，这才是真正的爱。

高尔基说："爱孩子是母鸡也会做的事，可是，要善于教育他们，这就是一件大事了，这需要才能和渊博的生活知识。"由此可见，做一个好的父母，就像做一个老师一样不容易，需要才能和知识；甚至又远比做老师难，因为全年无休，终身在岗。况且，老师是考了教师资格证才能上岗的，父母却没有考证就上岗了，所以，做父母的更需要不断学习，尤其是当孩子让我们感觉到头疼、不知所措时，父母更应该首先去实现自我成长，或者说是去做出自我的调整了。

当然，也会有很多的父母很迷茫，那怎么去自我成长呢？其实，也很简单，可以去思考一下，自己还有哪些方面可以去完善？自己对待孩子的方式是出于自己的方便省事、出于自己情绪发泄，还是真正有利于孩子的成长？以这样的发问为契机去改变自己，这就是父母的成长。

当然，也可以去看一看关于儿童身心发展规律的书籍，了解儿童的需要，多站在儿童的需求角度与孩子互动，营造良好的家庭氛围，有欢乐的陪伴，真正地爱孩子；有精神上的支持，不打压孩子，允许孩子做他自己，允许和支持孩子的各种才能和潜能在适宜的环境中得以充分发挥——这也就是允许孩子的自我实现。

很多的父母会害怕改变自己，害怕成长，但我的工作实践验证了：很多的父母通过成长，由剑拔弩张的亲子关系进入了和谐温暖的亲子关系；紧张焦虑的父母成为放松喜悦的父母……因此，当教育孩子感觉到棘手时，与其处在煎熬的状态，不如成长与改变自己，这才会是一条舒坦的育儿大道。

谁最需要成长呢？如果父母抱怨孩子不懂努力学习与成长时，不妨自己先成长，真正这样做时，这一行动就会有双重的收获——父母与孩子均能获得真正的成长。

到底该把孩子往哪个方向培养

为人父母者，总是希望自己的孩子很优秀，希望孩子将来很幸福，人生很成功。那为此，父母应该做些什么呢？

人生的道路有很多，我们应该如何去引导孩子呢？在孩子还小的时候，我们应该做些什么？我们是一开始就替孩子选择一帆风顺，还是会愿意让孩子去经历一些挫折呢？

众所周知，太过于顺利的人生，孩子也许就长成了温室里的花朵。所以，我们不必苛求孩子的人生之路是一帆风顺的。我们要让孩子在顺境中拥有应对逆境的能力，在逆境中更加奋发向上。在生活中，我们可以对顺逆境进行一些情景模拟，让孩子清晰地看到并且学会去应对。

很多的父母亲总是希望孩子一直都表现得很优秀，希望他一开始就长成一朵绚丽的鲜花，希望他早早地开放。可是，有些孩子是大器晚成，他可能没有办法长成鲜花那样鲜艳夺目，但是，父母多用心浇灌，假以时日，最终，他可能就长成了一棵参天大树，成为国家的栋梁。所以，孩子是否优秀，我们应该把眼光放得长远一些去看待。

而不管孩子是鲜花也好，是大树也好，只要他心向阳光，就都是最好的他自己，都值得我们为他的人生喝彩。

想要让孩子更加优秀，让孩子走向成功的人生，我觉得可以朝两个方面去努力：一个是孩子思想的层面，一个是孩子能力的层面。

思想层面，我们可以培养孩子积极向上、拥有善心大爱。如何让孩子积极向上？其实就是让孩子努力往好的方面去发展，同时父母不断地鼓励孩子，哪怕一时没有做好，父母也接纳和允许，并且坚信终究有一天孩子可以做好。又或是这个方面没有做好，但孩子总有可以做好的方面。父母的责任是去协助、发现和保护孩子的优势，并且给予孩子鼓励，这样，孩子自然也会变得积极向上。

善心大爱方面，可以多带孩子去做公益，去看到还有很多人需要我们的帮助，去激发孩子思考：我们可以为此做点什么？我们可以为这个社会，为这个世界做点什么？我的孩子曾得到学校颁发的美德少年奖状，这是学校对他乐于助人的肯定，我觉得这个奖状要比三好学生的奖状有意义。

我们再来看能力层面。应该培养孩子的哪些能力呢？

第一个是学习能力。学习能力如何培养呢？首先是不打压孩子学习的积极性，不在学习上抨击孩子，而是多在学习上鼓励孩子，这样孩子才会有学习的兴趣。本书的其他章节也有讲该如何引导孩子的学习。另外是适当训练孩子的注意力，注意力水平高，学习成绩也会跟着提升。在《孩子注意力不集中怎么办》这篇文章中，我有讲具体如何去做。当然，也可以去买一些提高孩子注意力的书籍跟孩子一起学习。有些父母说看了很多训练注意力的书籍，和孩子做了很多的练习，可是孩子的状况还是丝毫没有改变，那就可能是孩子存在一定的心理状况，需要做心理疏导。

第二个是交往能力。如何培养孩子的交往能力呢？就是要多鼓励孩子与人交往。不仅鼓励孩子与同年龄的人交往，也鼓励其与年龄小以及年龄大的人交往。与年龄小的孩子交往，可以锻炼孩子的爱心、耐心以及引导他人的能力；与年龄大的人交往，可以让孩子学习到更多的知识，包括可以鼓励结交一些年长的有智慧的长辈，这样对于孩子的人生会有很好的一些启迪。

第三个是处理事情的能力。当孩子遇到事情的时候，父母应该尽量放手让孩子自己去处理，如果实在处理不了，可以允许他找父母帮忙。父母在帮忙的过程中，要跟孩子讲解为什么是这样处理的，要教会孩子面对事情的态度及处理方法，这样以后遇到事情，孩子就知道可以怎样进行处理了。

　　第四个是抗挫折的能力。我们都期望孩子的人生道路一帆风顺，但是事实上，没有任何一个人的人生道路是一帆风顺的。所以，平时我们可以在生活中去锻炼孩子的抗挫折能力，制造一点小的困难、一点小的挫折让孩子去面对，同时告诉孩子任何事情都是有解决办法的，并且不是只有一个解决办法。勇于面对问题，最终就会是人生的赢家。

　　第五个是情绪管理的能力。情绪来了的时候需要我们去注意它，接纳它，转化它。可以告诉孩子，去做一些什么让自己的情绪好起来，比如听音乐，比如深呼吸，比如画画，比如做运动，比如在家里布置一个情绪转化区域，等等。总之，情绪来了时我们去做一些喜欢的且健康的活动就好了。

　　孩子积极向上，又有善心大爱，同时拥有学习能力、人际交往能力、处理事情的能力、抗挫折的能力以及情绪管理的能力，这样的孩子自然是不会差到哪里去的。

　　虽然讲了好些方面可以试着去培养孩子，但是让孩子脚踏实地也非常重要。鲁迅在遗嘱中就要求他的儿子"万不可去做空头的文学家或美术家"。最后，他的儿子周海婴正是在他的影响下，自北大毕业，成为一名无线电专家，但也一直在践行"做一个实实在在的普通人"。

如何才能帮孩子走出抑郁

一位妈妈来听我的讲座时，一脸的纠结。几次在我正讲着时打断我的讲课，她说亲戚家孩子的问题很多，希望我能解答一下。从她的语气以及状态，可以看出，她是一个很焦躁的人。估计她自己的孩子也会受到一些负面的影响。

果不其然，她课后来找我，说课堂上想问的其实是自己孩子的问题，因为担心别人笑话，所以就说成了是亲戚家的孩子。她说自己有一个 16 岁的儿子林林，刚上高一。小学和初中二年级前成绩还好，初三之后成绩就不好了，也不知道怎么回事。接着她就开始数落这个儿子的诸多"罪状"："写作业太慢，每天晚上都叫他快点写，结果还是要写到很晚；不催促就不去洗澡，睡觉也要催促才去睡；跟妹妹不好好相处，对妹妹不够友好，不懂得关爱；做事总是粗心大意、马虎了事；跟爸妈没有办法沟通……"

我耐心地听她说完，建议她停止催促孩子，让孩子负责自己的事情；少贴负面的标签，多正面鼓励孩子。

过了一天，林林妈妈再次来找我，说孩子到医院去开药了，其实孩子得了重度抑郁症已经有一个多月了。

听到这里，我的心咯噔了一下。"这是什么妈妈？孩子都得了抑郁症了，昨天向我这个心理咨询师问的问题，竟然说令她难受的是孩子的这些小毛病该怎么解决，孩子最需要被关心的地方反而忽略不说？"当然，我也知道，其实有很多妈妈像她一样，对孩子的关注方向经常是错误的。

一个焦躁加挑剔加错误关注的妈妈，势必会让孩子出现各种各样的问题。所幸的是，这位妈妈能够在这个时候来向我求助。后面几次的交谈，林林妈妈还总是免不了在"孩子太晚睡了，孩子作业完不成"等方面揪住不放。

当一位母亲总是焦躁地关注孩子的某个方面时，孩子的这个方面就会被牢牢地固定，难以改变。心理学上有个说法是要漠视、忽视孩子做得不够好的地方，肯定、鼓励孩子做得好的地方，这样孩子就会越做越好。也就是说父母越关注孩子的哪个方面，孩子就会越发展哪个方面。越关注不够好的部分，孩子就会越发展不够好的部分；越关注做得好的地方，孩子就会越发展好的地方。

我试着跟林林妈妈了解孩子抑郁之前的经历。林林妈妈说上初三时，孩子有一次在班里回答问题答错了，当时同学嘲笑他，甚至老师也当众羞辱他，说："怎么这么简单的问题都能答错呢？是不是猪脑子？"

林林就是从那个时候开始成绩下降的，整个人都变了。大概过了半年多，林林妈妈意识到该带孩子去医院看一看，才发现孩子得了抑郁症。

林林的同学和老师固然有做得不当的地方，但再来看看林林的爸爸妈妈的做法：当孩子很伤心的回来时，爸爸妈妈没能很好地理解孩子这份难堪的遭遇，反而说："肯定是你不好好听课才会答不上来的，你这是自作自受！"这样的回应，对于孩子来说，无异于雪上加霜。其实这个时候，如果父母能够好好地倾听孩子，能够去同理孩子，孩子的那份难受就会慢慢消散，而不是最后积郁成疾。

当然，一个心理问题的出现，它总是跟很多方面相关的。特别是个人的成长史和家庭环境。

林林的成长过程中，父母虽然陪伴在身边，但是父母一直不能很好地给到孩子支持和鼓励，从小父母就对他百般挑剔，在父母眼里，他有一大堆的问题，所以，就算这个孩子在小的时候成绩还不错，画画和武术还得过奖，但父母却没有肯定、欣赏他，因此他一直很自卑和敏感，特别害怕别人的批评和嘲笑。

而在这个家庭中，妈妈很强势，在工作上（父母合开一家公司）和家里都是妈妈说了算。妈妈还经常带着孩子一起取笑爸爸"呆头"。妈妈说，其实自己早已不爱孩子的爸爸了，要不是为了孩子，早就想离婚了，所以家庭生活并不幸福。妈妈与爸爸的交谈是非常少的，两人一说话就吵架。

孩子时常被挑剔，每天生活在一个时而沉闷，时而争吵的家庭中，加上被老师和同学羞辱，可想而知，这样的孩子内心的情况会是多么糟糕。这个家庭是需要改变的，只有这个家庭改变了，孩子才能顺利地朝更好的方向发展。

首先，这个家庭需要更多的快乐。如果父母不快乐，孩子是不可能快乐的；如果父母一直在焦躁、争执不休、相互诋毁，那么孩子就算之前没有患上抑郁，将来也有可能出现其他的心理问题。如果这个家庭能够把每天的"吵架"换成每天笑声不断、其乐融融，那么，孩子的心境就自然有可能好转。

其次，这个孩子需要更多的肯定和鼓励。父母需要把挑剔的眼光换成赞赏的眼光，需要去发现孩子更多的长处。这个孩子已经极度自卑了，觉得自己一无是处，甚至想要离开这个世界，父母就不应该在这个时候还对孩子百般挑剔，认为孩子有诸多做得不好的地方，而是应该看到孩子做得好的地方，让孩子看到自己存在的价值。

再次，父母需要好好地去跟孩子讨论之前在学校发生的事情（当然，还有直接有效的方法是：可以一边服药一边带孩子去做心理咨询），真正去理解孩子当时的委屈，好好地去拥抱孩子——双重的拥抱：内心真正的抱持加身体的拥抱。当一个人被真正的理解之后，他的内在就会生发出一种力量，一种自我疗愈的力量。

面对缺乏力量的、抑郁的孩子，焦虑而强势的母亲需要变得柔软。唯有柔软，才能让孩子体会到真正的母性的温暖，而这样的温暖就会给到孩子生命中需要的那一束光，孩子生命中的不堪会更快被治愈，从而可以更有力地迈向生命的旅程。

作为母亲，又何须让生命活得如此焦躁不安呢？生命的状态有很多种，作为成人，一个转念即可替自己做出不一样的选择。

无论是给孩子，还是给自己，柔软都会是一份不错的礼物！

7 岁孩子为什么会打人

我知道，每一个经常打人的孩子，背后都有一段不开心的经历。他，7岁，因为经常打人而被带来做心理辅导。原来，在他 1 岁多的时候，父母忙于工作，就把他送回了老家，由爷爷奶奶抚养他。他一直在老家跟爷爷奶奶生活到快 7 岁。这其间，爷爷奶奶也是忙于农活，经常让他一个人玩耍，又或是让他自行跟村里的小伙伴一起玩。

其实，3 岁前的孩子，特别需要父母的陪伴。如果父母在孩子 3 岁前做好了陪伴，那么，这个孩子的安全感就会很好，反之，如果在 3 岁之前，父母跟孩子分离了，没有做好陪伴，而其他照顾者（比如爷爷奶奶）也没有给到孩子安全感，那么，这个孩子从今往后，乃至一生都可能会不时地有不安感。

没有安全感的孩子会怎样呢？他可能会很退缩、很恐惧，会很自卑，会把自己封闭起来；还有一类，会攻击别人。这样的孩子会先攻击别人的原因，其实是害怕被别人攻击，为了自我防卫，所以先下手为强。这个孩子属于这类。

这个爱打人的男孩，因为 3 岁前突然跟父母分开，在老家时也没有得到爷爷奶奶足够的关注，一直与老家的小伙伴格格不入，所以，他的安全感是缺失的。而在 7 岁被接回到爸爸妈妈身边时，家里又有了一个弟弟。这个弟弟，需要父母更多的照顾，父母没有时间管他。很显然，他会嫉妒弟弟。所以，他会找机会欺负弟弟，而父母没有理解到他是想得到父母多一点关爱，因为没有得到关爱才去欺负弟弟，父母只是认为他不乖，认为他爱闹事，甚至认为他欠揍，于是，又用打他的方式来教育他，这时，孩子的多重被伤害感就出来了，孩子的委屈、怒气不知往哪里发泄，也只好去学校打同学了。

况且，这个孩子正处于7岁的年龄，7岁年龄的孩子所需要的是什么呢？6到7岁孩子需要的心理营养是：学习、认知、模范。这个时期，要有一个人能做孩子的模范，告诉他该如何管理他的情绪，如何处理他生活中的问题。对于孩子来说，他最重要的模仿对象往往是父母。而这个男孩，他在出现问题时，他的父亲采用打的方式来解决，于是，这个孩子就又学到了，以后自己遇到什么事情，也可以用打的方式来处理。

内在没有安全感、不被关爱，父亲又"教会了"他打人的方式，由此种种，当他在学校跟同学闹不愉快时，他就打人了。很可悲的是，父亲没有理解到他打人的深层原因，当父亲听说他打人后，给予孩子的又是一顿打，由此进入恶性循环。

后来，随着咨询的进展，这个孩子不再打人，而是懂得使用一些建设性的行为跟人互动。但我仍然想要提醒父母的是：如果孩子存在安全感缺失的话，就先要处理孩子的安全感，多拥抱孩子；要多给他肯定，多关注他，并且从内心去关爱他，满足他的精神需求，千万不要用打的方式去教育他。

当然，打人的孩子并不是只有这一个，而打孩子的家长也并不是只有这一个。有一些小孩子在游乐场或是在小区跟小朋友玩时，也会发生打人的情况。还有些刚参加我们的父母沙龙的人也会说，老大会打老二，又或是老二会打老大，作为父母看到这种情况就会很恼火，父母采取的教育孩子的方式，就是把孩子再打一顿，然后让孩子记住不能再打架了，可是过不了多久，孩子们又会再次打起来。

这时，我会请做父母的去思考：用打人的方式告诉孩子不能打人，这里面是不是存在逻辑错误？父母一口一个打人是不好的、不对的，那为什么父母还要打人呢？很多父母回过头去看自己这样的行为时，都感觉很可笑，可是当时竟浑然不觉。可见，"打"是很多人习惯用于解决问题的方式。

我们试着来看一下这些偶尔会打人的孩子，打人的原因可能是什么呢？

1. 可能是孩子的语言表达还不是很顺畅，当他不想把自己的东西给别人玩时，不知道怎么拒绝；又或是他想要别人的东西玩时，还不懂怎么去跟人沟通。面对这种情况，父母要教会孩子用语言去表达想法，而不是用打的方式。当孩子学会了用语言表达时，自然就不再需要用打的方式了。

2. 家里的长辈习惯用打的方式教育孩子。这样一来，孩子就学会用打的方式去对待他人，同时，因为孩子挨了打，孩子就会把不满的情绪，把这样的待遇反加到他人身上。

3. 因为安全感不足。别人到他身边，可能原本是想要跟他一起玩，他却以为别人要伤害他，便主动攻击他人。

说完孩子打人的原因，我们也试着来分析一下父母打孩子的原因：一些父母的传统观念是棍棒底下出孝子，因此很多人还抱有这样的看法，却不知道这样的做法已经不利于这个时代的孩子了；父母的负面情绪没有很好地释放掉，于是发泄到了孩子身上。

对于打孩子的父母来说，需要转变观念，也需要自己学会调整情绪。能够对孩子产生重要影响的人，首先是父母。

借由这个 7 岁的、经常打人的孩子的例子，我们可以很清晰地看到在没有安全感和被父母错误行为"引导"的状态下，孩子最容易呈现的行为。读到这里，想必父母们会明白，想要纠正孩子的行为，自己该如何去做了。

孩子听话好，还是有主见好

"宝贝，乖……""宝贝，听话……"这几乎是很多父母的口头禅。"这孩子真乖！""这孩子真听话！"这样的话语也成了很多父母用来表扬孩子的话。

有些宝妈甚至会说："我家孩子要是像某某那样听话就好了！"为什么很多人都希望孩子是一个听话的孩子呢？

1. 中国父母喜欢听话的孩子，多半在于封建思想统治之下传承下来的文化基因，明确划分了父母和子女的等级，并强调自下往上绝对服从，强调了父母的权威性，如果孩子不听话便是大逆不道，在人前还会觉得失了面子。

2. 孩子不听话，父母觉得自己的价值观和行为准则受到了冒犯，自己认为对的东西，孩子却不接受，会有挫败感。

3. 孩子听话，意味着父母不用花太多心思去对待孩子。

可是，养一个听话的孩子真的好吗？这个听话的孩子是为谁养的呢？如果孩子只是一个听话的孩子，那么孩子就只是成了父母的附属品，孩子又怎能真正拥有属于自己的人生呢？如果父母说什么，孩子都从不思考，从不反驳，只会顺从，那这样的孩子又如何有自己的创造力呢？长大后又如何懂得主导自己的人生呢？

记得有一次，有一位妈妈跟我说她的孩子特别不听话。我问她是怎么不听话呢，她说，学校让家长自由选择给孩子订课间餐，她担心孩子在学校吃了课间餐之后，回家就不愿意吃饭。于是，她就没有给孩子订课间餐。但这样一来，每次放学，孩子就吵着说饿，要买零食，不买就大哭大闹。

从这位妈妈的身上，我们可以看到很多父母喜欢武断地替孩子做决定。

这样的决定没有跟孩子商量，结果肯定令孩子不满。我们可以试想一下，这位妈妈的孩子在学校时，看到大部分同学都有课间餐吃，而自己没有，内心肯定会被刺激得很想吃，所以放学后说饿，这是情理之中的事情。

事实上，很多妈妈说孩子不听话，其实都是在用单向沟通的方式与孩子互动，只是父母说，不让孩子参与讨论，也没有商量的余地。

对于这种状况，父母可以向犹太人学习。犹太人的父母不会教孩子要乖乖听话，而是从怀孕就开始采用"哈柏露塔法"的教养秘诀。这种方法就是让孩子从小学会与人讨论、对话、质疑和辩论，培养了孩子的自由思想和独立人格。犹太人从不跟小孩说类似"好好吃饭，别说话"之类的限定话语，他们家庭里持续保持沟通辩论。犹太妈妈每天回家后，不是问孩子"你今天的作业做完了吗"，而是问"孩子，你今天提问了吗？又问了一个什么好问题，连老师也回答不了"。正是他们这种不怕孩子不听话，反而鼓励孩子反驳思辨的做法，让这个民族培养出了非常多的优秀人才：占全世界人口不到1%的犹太人，却获得了22.35%的诺贝尔奖；犹太人在美国哈佛大学的学生比例高达30%；世界上前400名的亿万富翁中，犹太人占了60人。

从犹太人的育儿观中，我们可以看到，一个孩子有自己的思想，有自己的主见，有判断事物的能力，这才是孩子生命中最珍贵的东西。如果孩子不听我们的，与我们对着干，其实只是在提醒我们该放手了，我们内心应该欣喜——孩子有独立的思想，不会轻易被他人左右，具有开拓精神。同时，我们再顺势去支持他就好了。

我在抖音上曾经看到过这样一段视频，说电脑游戏刚兴起时，有3个孩子，当时玩最流行的游戏《传奇》，玩得特别好，段位特别高。第一位妈妈，忍受不了孩子玩游戏，把孩子送去戒网瘾学校，孩子半年后回来，变得目光呆滞，再也不敢反抗妈妈，妈妈说什么就是什么。这个孩子长大后，成了上海的一名保安，每个月3000元的工资。另外两位妈妈，发现孩子热衷游戏后，与孩子沟通，问孩子长大后想做什么、梦想是什么？孩子说想开发游戏。妈妈说，那想开发游戏得好好学习这门技术才行，于是，孩子非常乐意地去学习如何设计动漫、如何开发游戏，同时还兼顾了自己的学业。据说现在这两人都成了非常著名的游戏公司的总裁，身家过亿。

所以，想让孩子听话，充其量也就是让父母暂时觉得轻松些。长远来看，听话的孩子，他的智慧和潜能没有得到过施展和激发，势必会活得不如父母，更不要说成为多么优秀的人才了。这样的孩子大了便会是一个只能听命于他人、凡事都要有人给他安排的人。这样听话的孩子，成年后就成了让父母更操心的人。而如果父母不要求孩子一定要听自己的话，反倒是愿意倾听孩子的心声，允许孩子有自己的想法，顺应孩子擅长的部分，再支持孩子擅长的部分，这样，孩子才更有可能走向成功的人生。

事实上，在我们周遭可以看到从小特别听话的人，长大之后就形成了讨好型人格，事事讨好别人，不敢有自己的主见，过得唯唯诺诺；而那些从小有自己的主见的人，长大之后往往敢于独当一面，是能够快速推动这个世界前进的人。

孩子不听话，作为父母也许会感到不安，但是，我们要知道，父母的人生经验也许会局限了孩子的人生；允许孩子有主见，把选择权还给孩子，允许孩子开启人生的华丽冒险，孩子才会有一个充满希望的人生。未来本来就是属于孩子的，父母也本来就应该把主动权交给孩子。

给孩子生命的力量

如何建立孩子的安全感

如果细心观察，我们会发现有些小孩不太自信、胆子小，甚至声音一大就吓得哆嗦，还有的孩子害怕独处、怕黑、怕陌生人、怕和同学相处、怕和老师相处，等等；还有一些成人容易紧张、容易焦虑、容易歇斯底里、容易抓狂、容易攻击他人，又或者是特别谨小慎微、总是害怕出错……所有这些都是没有安全感的表现，这些也往往跟成长经历或小时候留下的心理阴影有关。

人本主义心理学家马斯洛提出的需要层次理论中，列出一些概括的需要层次，依次为：生理的需要、安全的需要、爱和归属的需要、尊重的需要和自我实现的需要。马斯洛指出：当生理需要被大部分满足之后，第二层次的需要就出现了，个体变得越来越追求环境的安全、稳定和有保障。个体变得忧虑起来，这不是与饥渴这样一些需求有关，而是和恐惧、焦虑有关。

马斯洛指出：心理的安全感指的是"一种从恐惧和焦虑中脱离出来的信心、安全和自由的感觉，特别是满足一个人现在（和将来）各种需要的感觉"。通俗地说，所谓安全感就是人在社会生活中有种稳定的、不害怕的感觉。

马斯洛认为：安全感是决定心理健康的最重要的因素，可以被看作是心理健康的同义词。换句话说，安全感就是渴望稳定、安全的心理需求，属于个人内在很重要的需要。那如何建立孩子的安全感呢？

一、给孩子充足的爱与接纳，允许适当探索

在孩子越小的时候，越需要父母跟他有紧密的关系。出生 3 个月之内一

哭就应该回应他。这个时期父母对于孩子来说至关重要，孩子需要父母把他当成生命中最重要的部分，对他无条件地接纳。弗洛伊德说："母亲尽心地照料孩子，孩子就能获取一种信任和乐观的态度，这种态度将会伴随他一生。反之，如果婴儿的需求得不到满足或者这种满足经常被拖延，他会由于自身的无能为力而哭泣并发怒，长大后会变成一个悲观而缺乏信任的成人。"

3岁之前，孩子特别需要父母对他满满的爱，同时，还要允许他探索世界，只要在安全的范围内的探索，父母就应该给予支持和鼓励。

日常生活中，父母可以尊重孩子的个人意愿，甚至有些简单的事情可以让孩子做主导者，陪着孩子去达成他希望实现的一些小目标，当孩子在两三岁可以决定说"是"或者"不"的时候，他内在的自我掌控感和安全感也就有了。

孩子3岁之前是人生中建立安全感的关键期。3岁前的孩子，都特别需要父母的陪伴，如果父母在孩子3岁前做好了陪伴，那么，这个孩子的安全感就会比较好，反之，如果在3岁之前，孩子没有得到父母足够的关注、爱和温暖，父母没有做好陪伴，那么，这个孩子可能一生都会比较没有安全感。

二、父母在孩子面前情绪要稳定

父母的情绪对孩子有巨大的影响，特别是母亲。母亲是孩子最亲密的接触者，如果母亲经常生气，或是怕这怕那，多愁善感，情绪变化无常，自己缺乏安全感，那么就会直接影响到孩子。只有母亲本人的安全感和价值感足够时，才能有自信、稳定、成熟、理智的养育态度，这样既能减少自己不必要的内心消耗，同时也会带给孩子安全而平和的状态与气质。

父母情绪稳定还体现在父母之间的和谐上，父母不当着孩子的面吵架、相互指责或是抱怨。有些父母认为孩子还小，还弄不懂大人之间的事情。所以，吵起架来也毫不避讳。其实融洽的家庭关系，是孩子建立安全感的重要基础。对于孩子来讲，父母就是他的整个世界，是他的榜样。如果孩子经常看到父母发生冲突，就会感到极大的不安与恐惧，又或者是认为自己哪里做错了，于是会慌张，幼小的心灵会留下阴影。这就会直接影响孩子安全感的建立，并且影响他以后社会化。

我见过很多因为父母关系不和、经常吵架而导致出现各种心理状况的孩子。父母情绪不好，孩子情绪自然不会好；又因为父母经常吵架，孩子的内心是慌乱的，安全感自然荡然无存。

三、不要吓唬孩子

有些父母想要孩子"乖"一点，于是，经常吓唬孩子，类似说"你不听话，警察就要来抓你了！""快睡觉，再不睡大灰狼就要来吃小朋友了。"——这样被吓过的孩子内心会充满胆怯。我曾经处理过的一个个案，一个4岁的孩子，晚上总是不能入睡，原因就是父母经常用吓唬式的语言跟孩子沟通，经常跟孩子说，再不睡大灰狼就会把小朋友叼走，他们以为这样孩子会更乖，孩子会更早睡觉，其结果却是让孩子惶恐不安。

还有些父母不觉得自己是在吓孩子，觉得只是在逗孩子玩或者关心孩子，但实则是把孩子给吓到了。我曾经接待过一个有人际交往障碍，极度没有安全感甚至出现一些幻觉的初中孩子。她给我描述从小到大的经历：小时候父母带她去超市，想逗她玩，就故意说要把她放在超市，然后不要她了，让她跟着收银的阿姨回家，她听了都快要担心得哭起来了，父母却跟收银阿姨哈哈大笑，还一再强调是真的；父母带她出门，经常当众批评她，说她这不好那不好，以至于她时常觉得别人要嘲笑她，害怕接近他人；有时她在写作业，正专心致志地写着，父母却担心她是否在贪玩，突然就探出一个脑袋在窗户边，又把她吓一跳；尽管她已经上初中了，父母晚上有时还担心她没有盖好被子，半夜去给她盖被子，有几次她正好醒来，就看到一个背影，半睡半醒之间也分不清到底是父母，还是传说中的"鬼"……

从这个孩子的描述中，可以看到，正是父母的这样一些错误的做法才让孩子内心没有安全感。

四、身体多接触帮孩子建立安全感

有心理学家曾提出，每天最少要给予孩子 8 次拥抱。当然，如果没有那么多机会，可以每天尽量拥抱 3 次，如果 3 次都没有，那就尽量每天最少拥抱 1 次。孩子出门前，或者放学回到家里，或者晚上睡觉前都是拥抱的良好时机。只要与孩子见面时，都可以尽量地抱抱孩子。

拥抱孩子是一种良好的亲子互动方式。研究显示，婴儿期缺乏拥抱，孩子爱哭、易生病、情绪易烦躁；就算渐渐长大学习独立后，他们仍然需要这种身体的支持。拥抱孩子其实是在告诉孩子：不管什么时候、不管你是不是犯了错误、不管你是不是足够优秀、不管你是怎样的，父母对你的爱都不会变。而这样做，也就是给到孩子最好的安全感，孩子会对人生充满希望。在孩子伤心难过时，更应该去抱抱他。

有很多来找我做咨询的家长，当我发现他们的孩子缺乏安全感时，我都会建议要更多地去拥抱孩子，还可以给孩子做婴儿式的"抚触"——也就是全身按摩。当然在按摩的时候要满含情感以放松的状态与孩子互动。当父母坚持一段时间的拥抱与抚触之后，孩子的安全感往往都会增加，内心的恐惧会逐渐减少。

最后，我想跟大家说，没有安全感就没有幸福感，缺乏安全感的孩子，通常无法很好地适应和融入社会，也没有力量去学习。所以，希望孩子将来有幸福和成功的人生，就要先给孩子安全感。孩子有了安全感，会更有效率地学习和生活，自然也会让父母更省心。

多子女家庭，如何做好父母

"姐姐总是打弟弟，真是让我好头疼呀！黄老师，我该怎么办呢？"一位妈妈在我们的沙龙当中焦虑地问我，"而且家里孩子又多（家里一共四个孩子），我真是顾得了这个又顾不了那个。唉……"

我问这位妈妈，姐姐一般在什么时候打弟弟呢？

"一般都是弟弟没有做好该做的事情的时候。"

听到这里，我们可以知道，姐姐也并不是无缘无故地打弟弟，她大概是想要帮助妈妈去管教弟弟，只是她的做法错了，她大概还不知道有其他更好的做法，于是在弟弟没有做好时，只会用打的方式解决。

但是会打人的孩子，往往也是曾经被错误地对待过的孩子。

再了解下来，果不其然，原来这位妈妈曾经就是一直用打的方式对待姐姐。比如，姐姐没有好好吃饭，妈妈会打她；姐姐在妈妈正忙着的时候吵到妈妈了，也会被妈妈打；姐姐没有乖乖写作业，同样会被妈妈打……诸如此类，还有其他很多被打的时候。原来，姐姐打人就是从妈妈那里学来的。

妈妈后来也意识到自己经常打姐姐是不对的，于是，停止打姐姐，但是却发现姐姐还是用打的方式对待3个年幼的弟弟，并且在妈妈呵斥姐姐不该打弟弟时，姐姐还质问妈妈："为什么我以前只要没有做好，你就会打我？为什么现在弟弟没有做好，你就不打他们呢？"

这位妈妈每次听到这些就会回应："因为妈妈以前没有学习，所以用了错误的方式去打你，现在妈妈学习了，知道不能总是打孩子，所以我也不允许你再继续打弟弟。"

从姐姐的质问中，我们可以看出，姐姐内心有很多的不满：一是"妈妈，你曾经打我打得太多了"；二是"弟弟没有做好，你不打他，这不公平"。可是，妈妈的回应没有理解到这些，而是给自己找了一个打姐姐的理由：没有学习，不懂。然后又给了一个不让姐姐打弟弟的理由：学习了，知道不能总是用打的方式。这两个理由，听起来只会让姐姐觉得自己满肚子的冤屈，只会让姐姐对弟弟羡慕妒忌恨，而且妈妈当初明明就用实际行动告知：做得不对就该打呀！

事实上，只要父母曾经用过的错误方式，就一定会深深地烙印在孩子心中。要想改变这个姐姐的做法，除了妈妈不再打姐姐，也不要再去指责这个姐姐，并且要去疗愈姐姐内心的创伤：要理解这个孩子内心的委屈和觉得不公平，当我们用心理解她，或者说共情她，也为自己曾经错误的做法道歉后，孩子的感觉才能慢慢好起来。当她感觉好起来时，妈妈再去感谢她愿意帮助妈妈一起来教育弟弟，甚至邀请她一起来讨论怎样才能够更好地教育弟弟时，她内在积极向上、善良的一面才会被激发出来，由此，才不会继续去打弟弟。

我曾经在腾讯视频上看到一则孩子会模仿父母做法的小视频：父亲一边走路一边挠头，孩子也一边走路一边挠头；父亲一边等地铁一边看表，孩子也一边等地铁一边看表；母亲一边搭电梯一边吸烟，女儿也一边搭电梯一边吸烟；父亲看到别人需要帮忙而不去帮忙，孩子也看到别人需要帮忙而不去帮忙；父亲随地扔垃圾，孩子也随地扔垃圾；母亲被人骂得难受，孩子也一样难受；母亲骂人，孩子也骂人；父亲指责人，孩子也指责人；父亲打人，孩子也打；父亲帮人收拾掉落的东西，孩子也帮人收拾掉落的东西。可见，父母的做法是多么真切地教会了孩子怎样做。

而事实上，父母怎么说都不如父母怎么做来得有效。在我的一些针对父母的讲座中，当我让父母们去体会说和做哪个更能带动孩子时，每一次的场景都证明了做比说更有带动性。

其实，越是多子女的家庭，父母越是应该做好身教。那如何做好身教呢？比如说，妈妈是如何温柔地对待弟弟的，那么就应该如何温柔地对待姐姐；妈妈希望孩子们和睦，就应该平和、公平、公正地对待每一个孩子；妈妈经常陪伴弟弟，那么也应该抽出一些时间专门陪伴姐姐；父母说打人不对，就不应该用打的方式对待孩子；父母说学习很重要，自己也应该身体力行地进行一些学习和提升自我又或是积极努力做好自己的本职工作，让孩子明白人生每个阶段都有需要做好的事情……

中国近代维新派领袖、学者梁启超，他在教育孩子中堪称是严于律己、以身作则的典范。他引导9个子女"莫问收获，但问耕耘"。他对子女说："我常常感觉我要拿自己做青年的人格模范，最少也要不愧做你们姊妹弟兄的模范。"正是在梁启超良好的身教下，最后使孩子们人人学有所长，个个都是国家的栋梁，其中有3位是中科院院士，还有社会活动家、爱国军官和新四军老战士，真可谓培养出了满门俊秀！

知名画家李苦禅教育儿子从艺，他也是以自己亲身历练的过程，现身说法："我有个好条件——出身苦，又不怕苦。当年，我每每出去画画，一画就是一整天，带块干粮，再向老农要根大葱，就算一顿饭啦！"在他的教导下，儿子李燕不怕风吹日晒，不畏跋山涉水，长期坚持野外写生，最后也成了出色的画家。所以，与其费尽口舌地说教，倒不如实实在在地做给孩子看。

不管是多子女家庭，又或是独生子女家庭，其实身教都往往重于言教。想要孩子有正向的行为，父母一开始就应该有正向的身教；如果一开始身教就错了，后面要改变孩子就变得艰难了，这时就不免需要身教加言教加心理的抚慰与教导了。

父母用自己良好的行为举止、人格、品德、修养等去感染、影响孩子，这时就不用过多说教了，这也可以说是不教而教，这是父母对孩子最好的教育，而这样做，正是给了孩子生命最好的底色。

如何改变孩子

　　之前，我在接孩子放学时，看到一位母亲被老师在大庭广众之下"教育"，数落她的儿子在学校的种种"罪状"。老师每说一件事，这位母亲便深深地鞠一躬，口里说着对不起，等老师全部说完了，妈妈再鞠躬三次，跟老师说："对不起，都是我的错，是我没有教育好孩子！"当时有很多家长围观，她的儿子在旁边默默地看着这一切。老师走后，有家长投来很不屑的目光。妈妈看了看儿子，并未说什么，然后牵着儿子的手走了。

　　后来，这个孩子整个人完全改变过来了。有人猜测这位家长是不是用了什么特别的管教方法。

　　在新学期的家长会上，老师邀请她分享经验。她说，其实，她在家并没有怎么去管教孩子，包括那天回去后，她看到孩子难过，也就没有再对他说教。接着，她给大家读了孩子在那一天写的日记：

　　"今天，我的妈妈当众给老师鞠躬，我在一旁看着都觉得难受。妈妈还跟老师说，是她的错，她没有打骂我，这让我深深地自责。从今往后，我不能让妈妈再为我承受这些难堪了！"

　　在孩子成长的道路上，难免会有做得不好的地方，难免会犯一些错误。这个时候，做父母的总是希望立刻改变孩子。可是，要怎样去改变孩子呢？上面说的这位妈妈，在孩子做得不好时，没有去责骂孩子，而是在老师面前承认错误，承担起自己的责任，进而让孩子懂得反省，孩子自然也就改变了自己错误的做法。然而，有些妈妈在被老师投诉之后，往往因为自己受了委屈，对孩子一通"狂风暴雨"式的责骂，孩子最后因既受了老师的批评而难过，又因父母猛烈的责骂而伤心，他就沉浸在难受的情绪里面了，又或是认为已经接受惩罚了，这件事就扯平了，不用反省、不用改变了。

又有些父母是这样面对孩子的，想以此去改变孩子。A 说："如果孩子犯了错，就打一顿，打到他怕，以后就不敢再犯了。"B 说："孩子犯了错，不能打，要跟他讲道理，要让他明白错在哪里，明白是非对错了，他以后自然就不会再犯了。"C 说："我的孩子如果没有考好，我就会让她抄写试卷两遍。"D 说："我的孩子如果没有考好，我只让她分析错题的原因就好了。"E 说："如果我交代的事情孩子没有去做，那我就会罚孩子跳绳 500 次，或者做双臂平举 15 分钟。"F 说："如果我交代的事情孩子没有去做，我会去询问孩子没有做的原因。"

这些都是在我开设的父母沙龙中，一些父母的真实分享，想必大家看到这里，也自然知道哪些做法更为有效。我再试着从心理学的角度去说说，当孩子做得不够好时，我们作为父母可以怎样做。

1. 父母首先要控制好自己的情绪。

很多的父母在面对孩子做得不够好或是犯了错误时会感到很生气，这个时候有些父母可能忍不住棍棒相向。其实，体罚是一种比较糟糕的教育方法。父母打孩子，孩子觉得痛才暂时听话，可是当他觉得不痛时，根本就不理父母了。或者再大一点，他有力量对抗父母时，这一招就根本不管用了。当父母感到很生气时，不妨先自己坐下来，试着做深呼吸，平静自己的情绪，待情绪平稳了，自己就理智多了，这时再去面对孩子，就往往会有一些更冷静、更有效的处理方式。

2. 试着了解孩子的内心世界。

有一位记者问一名小朋友："你长大后想做什么呀？"小朋友天真地回答："我要当飞机驾驶员！"记者接着问："如果有一天，你的飞机飞到太平洋上空，所有引擎都熄火了，你会怎么办？"小朋友想了想："我会先告诉坐在飞机上的人绑好安全带，然后我挂上降落伞先跳出去。"现场的观众笑得东倒西歪，大家都觉得：看吧，人性的弱点出来了。如果父母只听到这里，恐怕就要批评孩子："怎么能这么自私呢！只顾着自己呀？"然而，接下来，这孩子的两行热泪夺眶而出，这才使得大家发觉这孩子所说的话远非大家想象的那样。于是记者问他："为什么要这么做呢？"小孩回答："我要去拿燃料，我还要回来！我还要回来救大家！"

还有一个这样的孩子，在妈妈生日时想给妈妈一个惊喜——想悄悄地去买一个礼物，可是她没有钱，她看到妈妈的抽屉里有钱，于是偷偷地拿了 100 元，正准备出门时被妈妈发现了，妈妈不分青红皂白地打了孩子一顿，并要孩子写保证书，以后再也不能偷大人的钱。孩子认错了，并且保证以后不偷钱，但是，这个孩子从此就跟妈妈有了隔阂，长大了也远嫁他乡，再也不想跟妈妈亲近。

孩子其实没有我们想的那么坏，所以，就算孩子犯了错，说不定也有一个正向的动机，不妨试着多一点去了解孩子的内心，这样，或许孩子就可以做得更好了。

3.给孩子适当关注，以实际行动去影响孩子。

有时候，孩子在学校或是在家里故意惹事是为了获得关注。从儿童心理学的角度来说，小孩子就是希望大人关注他。孩子做了好事的时候，大人关注他，那样的好事他就会做多一点；孩子做了不好的事的时候特别去关注他，那样错的事也会重复发生。所以，平时给予孩子足够的正向关注，孩子就不需要通过惹事来引起大人的关注。而如果孩子真的惹事了，就像上面那位妈妈那样，承认错误，诚恳地负起责任，孩子看到了，自然就被教育到了。

最怕的是有些父母，当老师告知孩子的状况时，父母当着孩子的面与老师对骂起来，这样做，就是把孩子推向更加错误的方向。而这样的父母也确实存在，我见过这样的个案。也希望大家能够引以为戒。

终归一句话，要改变孩子，还要看父母的方法是否用对了。否则，就南辕北辙，适得其反了。

教育孩子，说难也难，说易也易，关键看父母怎样做。当父母用适合孩子的方式，就是给孩子的生命加了一个马达，孩子生命的力量就倍增了！

如何正确表扬孩子

在经历了"棍棒底下出孝子"的育儿时代之后，这些年慢慢开始流行赞赏教育，很多人也都在提倡要多表扬孩子。但表扬没有用好，有时就会带来负面作用，这也就是正面管教所反对的那种表扬；而表扬用好了，就会起到很好的正面作用，而这种表扬也可以叫作鼓励，或是高级赞美。

诚然，当我们的孩子一点点进步的时候，作为父母的我们肯定是满心欢喜，这时我们忍不住想要对孩子进行表扬、夸赞。对于孩子的成长来说，这些鼓励有着非常重要的意义，可以满足孩子内心的需要，可以帮助孩子建立自信，还可以增进亲子关系。表扬、赞美确实会给我们的家庭教育带来奇妙的效果，会给孩子带来正向的力量。但是，表扬其实是个技术活，如果这个技术我们使用得不好，不仅达不到我们想要的正向的目的，反而会适得其反，可能会伤害到我们的孩子。那么，到底怎么正确地对我们的孩子进行表扬呢？我们可以从下面的例子来体会。

案例 1：

开完散学典礼了，丽丽开开心心地回家告诉父母："爸爸妈妈，我期末考试数学考了 100 分，语文考了 99 分。我是全班第一名。"

爸爸听了非常高兴地说："你真是爸爸的骄傲！你以后一定次次都考第一！"妈妈听了非常激动地说："真棒！我们家的丽丽就是一个聪明的好孩子！"

爸爸做法正确吗？其实，爸爸的表扬附带了要求。"你以后一定次次都考第一！"这句话对孩子来说，不是鼓励而是压力，孩子会觉得，我以后次次都要考第一，不然我就不是爸爸的骄傲了。于是，这个表扬就会成了心理魔咒：万一我下次拿不到第一就糟糕了——就不是爸爸的骄傲了。

其实，表扬不应该是为孩子确立一个"不能掉下来"的标准、不应该暗示孩子一定要这样。所以，我们在表扬孩子时，不要附加"你必须保持现有状态"来要求孩子，否则孩子就不能从父母的表扬中获得心理的滋养，反而会感受到更大的压力。

那妈妈的做法正确吗？"真棒""聪明的好孩子"，这样随意的话说多了，会让孩子认为自己十分完美、天生优越，在日常学习生活中会经不起外界的批评，经不起挫折。孩子还可能顺着妈妈的话语去推理，我考好了说明我是聪明的孩子，我天赋好；但万一我没有考好就说明我是笨孩子，我不如别人。所以，妈妈的表扬会使孩子错误地把一件事情成败的评价，当成了对自己个人好坏的评价。长久下来，就容易让孩子陷入自我膨胀或是萎靡不振的状态。

那么，正确的做法应该是怎么样的呢？我们可以这样说："丽丽，这个学期你考得好，是你平时努力学习的结果，你值得为自己感到高兴！你很用心学习，爸爸妈妈都看到了！"这样的表扬，肯定了孩子的成绩，强化了孩子做得好的地方，接纳了孩子此刻的高兴，没有给包袱、没有评判孩子的个人层面，而是肯定了努力的过程。

案例2：

小菲画了一幅关于动物的画，拿给爸爸妈妈看。爸爸妈妈看完后，对小菲说："宝贝，你画得真好，比小芸画得好，你肯定是班里画得最好的！"这样的表扬是否正确呢？其实，这样的话语除了在表扬孩子，还拿自己的孩子跟别人做比较，让孩子容易活在与人比较中，容易盲目自大和虚荣；而"最好的"这个说法又是给了孩子一个不能比别人差的暗示。

正确的表扬可以是这样："宝贝，你画的动物栩栩如生！你肯定是很用心去画了！"这是抓住细节去表扬孩子，并且表扬孩子用心做事的过程，这比表扬她个人层面，更能引起孩子的共鸣，会让她明白父母更重视她是否用心对待自己的事情，父母会关注她的一点一滴进步。

父母可以经常通过细化过程，强化孩子所取得的每一个小小的成功的细节，使孩子明白成功与努力付出有关，而不至于在个人层面过度虚荣；而当没有取得好的成绩时，也能够明白这和缺少努力有关，并不是他这个人不行，从而更能够克服挫折，平和地面对困难，避免被小小的不顺打击得一败涂地。

其实，我们在日常生活中对孩子进行表扬的时候，可以注意以下细节。

一、要表扬努力的过程而非个人智力的优越。做得好时可以夸孩子是个用心的孩子或是努力的孩子，而非夸真聪明或是夸最棒。

二、表扬孩子要具体。我们在进行表扬时，要先提及孩子的行为、细节，再表扬，比如："宝贝，你今天把玩具分享给小明玩（行为），你是一个懂得分享的孩子！"比如孩子在写字或者孩子在画画，不要进行"你写得真好看""你画得真好"这类空洞无力的表扬，而是要说"嗯，这个字笔画很端正，写得很认真！""你画的这只小鸟太逼真了，好像真的要飞起来了！"孩子学习进步了，我们可以这样表扬："你成绩有很大进步，这一定是你认真听课、努力复习的结果。"可以把做得好的地方都一一地说出来，要具体、要注重细节、注重过程，结果反而不是那么重要。因为我们的目的在于激励孩子成长，帮助孩子收获经验，而非以成败论英雄。

三、表扬时注重内心感受而非物质的表扬。比如说孩子挑战成功一个目标之后，可以问一下孩子内心的感受："孩子，你此刻感觉怎样？"或者也可以直接帮孩子描述出来："我猜你这次能够突破自己，内心一定很高兴吧？"有个常见的误区：不少家长在孩子取得好成绩时不谈及孩子努力的过程，也不去注意孩子内心的愉悦，却只给予单纯的物质奖励，比如直接给买东西或者给钱。

这种不重视精神层面只重视物质的奖励有效期限是很短的。假如奖励的东西孩子喜欢，孩子会暂时地努力，要是孩子根本不喜欢，孩子就不会努力。并且，孩子会觉得努力不努力都是为了那个奖励，而不是为了自己。例如当孩子的成绩浮动时，那个奖励对于孩子又不是很有吸引力（父母不可能一直都能给出很有吸引力的物质奖励），孩子就会很容易选择放弃，而且也不会去总结经验教训，不会愿意继续努力。所以，如果只给物质奖励，它会使孩子的兴趣集中在奖品上，而对被奖励的行为、事件失去了兴趣。

四、充满好奇地对孩子进行问句式表扬。例如："这个乐高我感觉很难搭建，你是怎么把它搭好的呢？""哇，你是怎么做到这么快速把这道题解出来的呢？"

五、表扬时不要加上"但是"。有些父母总是希望孩子可以做得更好，所以当孩子做好一件事情时，又会指出不足之处或者提出新的要求。这就是一种错误的表扬。比如说孩子很用心地拖了地，父母看见后说："儿子，你今天把地拖了，挺能干的。但是呢，我看到地上有些水，好像拖得不太干净哦！"又或者是孩子很快就把作业写好了，父母看到后说："你今天这么快就写完作业了，真棒！要是再额外写一份试卷就更好了！"

六、如果孩子确实做得好，就大方接受外人对孩子的表扬。传统的中国父母都比较矜持，很多时候别人称赞孩子时，虽然心中也高兴，但嘴里还会说"哪里哪里，其实他没有那么优秀"。当孩子听到父母这样说时，就会觉得自己不行。正确的做法是：父母大方接受外人的称赞，向外人表达感谢，事后再跟孩子一起回顾，让孩子分享如何看待他人的表扬，并进行正确引导，这是一个非常有意义的亲子互动和对孩子进行教育的时机。

著名的教育家陶行知表扬一个犯错学生的事例，值得父母们去学习。陶行知在当校长时，看见一个男生用砖砸同学，陶行知立即制止并叫他去办公室。结果这个学生先到了，陶行知表扬了他，并给了他一颗糖，说这是表扬他这么快就到了。接着陶行知又给了这个男同学一颗糖，说这是表扬他听到校长的制止就立即停手了，没有再打同学，说明他尊重校长。陶行知对这个学生说："据我了解，你是因为那个同学欺负女生才打他，你很有正义感。再奖励你一颗糖。"这位同学听到这里很是感动与羞愧，说："校长，我错了，那位同学再不对，我也不能采取这种方式。"陶行知这时给这位学生第四颗糖，说："你已认错，再奖励你一块糖。"

我们可以看到，陶行知先生表扬这位学生，有表扬具体的行为"先到""立即停手"，也有表扬精神、内心层面"尊重校长""懂得认错"，陶行知先生还有加上物质的奖励。当然，有表扬好的行为加精神层面的，再加上物质的，这样的表扬也是非常好的。但是如果没有精神层面的肯定与表扬，只有物质层面的，那这样的表扬带来的效果就是大打折扣的。所以，任何时候对孩子表扬，都要把孩子具体的一些优点描述出来。

值得注意的是，家长的表扬和批评要前后一致，不要今天表扬这个方面做得好，下次又说这样做有什么了不起。父母对事物有稳定的价值判断，孩子才有可能建立起更明晰的是非判断准则。

父母有时就是孩子最好的心理医生，父母的话语总是能最深刻地影响孩子。正确的表扬、鼓励，往往可以引导孩子走向成功。父母的表扬如果是注重过程的、具体的、不虚浮、不附加要求的，那么，这样的表扬，就可以让孩子变得更加有力量和积极向上。这样有效的事情，父母又何乐而不为呢？

世界因孩子而更美丽

有一个来找我做心理咨询的孩子，他说爸爸妈妈一直嫌弃他：嫌弃他成绩不够好，嫌弃他长得太胖，嫌弃他不听话。爸妈甚至还说怀疑出生时护士给他们抱错了孩子，不然怎么会生出他这样的孩子呢？

另一个孩子在5岁的时候，因为睡前喝多了水，结果尿床了，她的父母就非常严厉地责怪她是一个"脏孩子""坏孩子"，这么大了还尿床……

又有这样一个来找我做心理咨询的女孩子，她说父母在她很小的时候就离婚了，因为爸爸家里嫌弃她是女孩……

这三个孩子，最后都变得自我价值感极低，总觉得自己不好，甚至不该来到这个世界。孩子原本是被父母带到了这个世界上，结果父母却又让孩子感觉不该来到这个世界上。

但也有这样一对父母，他们用自己对女儿的欣赏、无尽的爱、接纳与祝福，让孩子的生命熠熠生辉。他们的孩子是一个脑性麻痹患者，全身布满不正常的高张力，孩子不能流利地说话，嘴还向一边扭曲，口水也止不住地流；孩子无法像别的小孩子一样，自由自在地玩耍、奔跑，还要面对许多异样的眼光，面对他人的嘲笑……但是，这对父母却告诉孩子，在他们的眼里，她很美、她很可爱。最后，他们把孩子培养成了拥有坚忍不拔的毅力和对人生充满无比乐观的人。

这个孩子叫黄美廉，她在人生的道路上取得了一个又一个的成功：她不仅在美国南加州大学拿到了艺术博士的学位，还到处办自己的画展，现身说法，告诉人们在任何困境下都可以对生命充满热爱。当有人贸然问黄美廉："黄博士,你从小就长成这个样子,请问你怎么看你自己?你有过怨恨吗?"

在场的人都暗暗责怪这个人的不敬,但黄美廉却没有半点不高兴,她十分坦然地在黑板上写下了这么几行字:我好可爱;我的腿很长很美;爸爸妈妈那么爱我;我会画画,我会写稿;我有一只可爱的猫……最后,她以一句话做结论:我只看我所有的,不看我所没有的!正因为她的爸爸妈妈从未觉得她不好,所以她也从来不会觉得自己长成这样就不好;爸爸妈妈从小对她的认可,让她对自己有了足够的信心。因此,她能够欣赏自己的美,也能够发现世界的美。

其实,每个孩子来到这个世界,是要把这个世界装扮成更加美丽的。可是,父母是否有把这个信息传递给孩子呢?我前面讲的三个真实的案例,显然他们的父母没有这样去做,而黄美廉的父母做到了。

让孩子知道,世界可以因他而美丽,其实就是给孩子自我价值感。一个孩子的自我价值感的高低和他的家庭有着密切的关系,尤其是和父母的养育方式及父母对孩子的评价密切相关。如果一个孩子从出生开始,父母亲就没有很好地给过他关爱与温暖,没有给过他足够的接纳,没有肯定与欣赏他,甚至还不断地责骂他,经常贬损他,经常给他不好的评价,那么,孩子的自我价值感一定会很低,他可能无形之中还会觉得自己是父母的累赘,会觉得配不上这个世界的美好。

有这样一个故事:一位黑人出租车司机,他有一次载了一对黑人母子。孩子在车上问妈妈:"妈妈,为什么我们长得那么黑呢?"妈妈捧起孩子的脸,对孩子说:"孩子,上帝为了让世界色彩缤纷,特意创造了不同肤色的人。你的出生是为了把世界装扮得更加美丽!"孩子听完开心地"哦"了一声。

在他们下车时,司机坚持不收钱。他对这位母亲说:"小时候我也问过我的母亲同样的问题,母亲说我们是黑人,我们这辈子注定要低人一等。如果我母亲换成您今天这样的回答,我今天就会有不同的成就。"

"你的出生是为了把世界装扮得更加美丽!"这是一句多么优美而又有

鼓舞力量的话。作为父母亲，难道不应该多跟孩子说这样的话吗？那还有一些怎么样的话语可以多跟孩子说呢？比如还可以多说："孩子，爸爸妈妈爱你！""孩子，你真的好可爱！""孩子，你是无价之宝，别人拿什么跟我换你，我都不会换！"

当孩子为父母做了事情时，父母可以及时地表达感谢与肯定，这样，孩子的价值感也会很高。比如可以说："感谢你拿苹果给妈妈吃，妈妈有你这样的孩子真是太幸福了！""感谢你给爸爸妈妈帮了忙，生了你这个孩子真是太好了！"

当父母不嫌弃孩子、不给孩子贴上那么多负面的标签，而是给足了孩子价值感，并且满含爱意地与孩子一起面对这个世界时，孩子才能看到这个世界的美好，也才能感受到自己就是这个美好世界的一部分。

这个世界，由我们每一个人去创造，而我们的孩子更是创造未来世界的主人。让孩子感受生命的力量，与世界融合，而不是让孩子感觉被父母、被世界抛弃，这难道不是我们作为父母该做的事情吗？所以啊，要记得告诉孩子："世界会因你而更加美丽！"

用理解浇灌心中的花朵

一次，听到一对父子这样的对话：

孩子说："爸爸，今天发试卷了，我才考了 58 分。"

爸爸："哦，那你现在感觉怎么样？"

孩子："我很难过！"

爸爸摸了摸孩子的头，说："哦，爸爸看到了你的难过。以前爸爸小的时候，如果没有考好也会很难过。那我们回到家里，好好分析一下，看问题到底出在哪里，好吧？"

爸爸对孩子理解而不责备的态度，让孩子如释重负地"嗯"了一声。这样温情的对话，似乎很难听得到。大多数时候，我们听到的对话是这样的：

孩子："爸爸，今天发试卷了，我才考了 58 分。"

爸爸："什么，你才考了 58 分？你是不是皮痒了，想找抽啊？气死我了……"

孩子："爸爸，您先别急，先听我说……"

爸爸："说？说什么说？还想给自己找借口是不是？"

孩子这时候开始哭了。

爸爸："你还有脸哭？不许哭！"

相同的事情，却有着不同的对待方式。前者是引导孩子把难过说出来，进而孩子会愿意跟父母一起分析，一起找原因，最终找到方法；而后一种，父母一步步打压孩子，让孩子陷入更大的痛苦之中，从而再也无力去面对他的错误，当然也就更谈不上改正错误了！

爱孩子，是天底下每一位父母的本能。可是，到底怎样是真正地爱孩子呢？恐怕会有很多不同的答案。

有些人爱孩子的方式是不让孩子冷着、饿着；或是给孩子买最好的东西、最高档的享受；或是生活中，事无巨细、一手包办……总之，就是外在能给的一切，全都给了。可是，尽管这样，最后却未必能把孩子培养成一个健康、快乐、有完整人格的人，因为，没有从心理层面去给到孩子关爱与理解。

如果只一味地满足孩子外在的物质享受，却忽视孩子真正的内心需求，那么，这样的孩子势必不能成长得很好，因为，他的心理能量没有得到补充与供给。

上面例子中，孩子考试没有考好，当家长的当然心急，但是如果能体会到孩子也是难过的，能够理解孩子的情绪，那么孩子的难过很快就会过去，毕竟已经有人理解分担了；而如果是无情地批评、打压孩子，那么，就算给予孩子再好的物质享受，孩子心里也是很难真正开心起来，因为他的难过一直在身体里压着，他的负面情绪没有释放。没有被释放的情绪，很有可能会让他一辈子不快乐。

在成长的过程中，孩子难免会有这样那样的错误。有些家长会觉得，只要孩子犯了错，就应该"好好"地管教，然而，这样的管教，我们要看对孩子是有益的还是有害的。如果我们的管教让孩子既明白了错误，又能鼓起勇气去战胜错误，那么，这样的管教就应该提倡；如果管教只是发泄了我们的情绪，进而增加孩子的难受，那这样的管教就应该叫停。

我们都知道将心比心是一个好习惯，可是很多的父母在教育孩子的时候，却忘记了要将心比心。假设父母自己因为工作上的事情没有做好，回去跟家里人说起，是希望家里人批评自己一顿，还是希望家里人能够理解和鼓励一下呢？显然是后者。成年人不开心的时候，都会希望："要是有个人理解我就好了！"可是，却偏偏忘记年幼的孩子更加需要父母这样一份理解。

鲁迅说过："孩子的世界与成人截然不同，倘不先行理解，一味蛮做，便大碍于孩子的发达。"有一次，鲁迅从饭店里买了几个菜，请客人们吃饭。有一盘食物，他的儿子海婴一吃就说不新鲜，大家吃了都说新鲜，以为海婴是在瞎嚷嚷。但鲁迅却认真地对待孩子的意见，他把海婴碟子里的食物拣来尝了尝，果然不新鲜。鲁迅当时说："海婴说不新鲜，一定有他的道理，我们大人不加以查看就抹杀是不对的。"

然而，现实生活中，有多少人不能如鲁迅这般去理解孩子？有多少人不能像鲁迅这般去信任孩子？

著名的心理学家罗杰斯主张人性是积极向上的。每一个人，只要给到适合的环境，都会朝着一个好的方向去发展自我。我们在教育孩子的过程中，更是应该坚信这样的观点。

孩子是等待绽放的花朵，如果用理解去浇灌它，那么，它势必开得更绚烂、更芳香；否则，这花朵就被父母给掐掉了。

父母要懂得放手

一位英国心理学家克莱尔说："世上的爱都以聚合为目的，唯独父母对子女的爱，以分离为目的。父母真正成功的爱，就是让孩子尽早作为一个独立的个体从你的生命中分离出去，这种分离越早，你就越成功。"

我挺认同这种说法。但也有些人会纳闷说："黄老师，您不是说要做好对孩子的陪伴吗？怎么又赞同要越早地分离呢？"我想说的是，做好陪伴，是孩子需要我们陪伴时要陪伴，特别是孩子年龄小的时候，要有对孩子玩乐、情感的连接与支持；而做好分离，是把孩子作为一个拥有独立人格的人来尊重，不过度地控制孩子，不把孩子看成是自己的附属品。不是不顾孩子意愿只按父母的想法来设计安排孩子的一切，而是懂得适当地放手。所以，我所说的陪伴与跟孩子做好分离，这两者并不矛盾。

与孩子做好分离，似乎有很多方面要去做：不过度焦虑孩子的成长，不对孩子大包大揽，不过度溺爱孩子；信任孩子，鼓励孩子一步步从做不到到做得到，鼓励孩子的独立，不用心理脐带捆绑孩子的一生。与孩子做好分离，归纳起来其实也挺简单，就是"学会放手"孩子的成长，但不是对孩子不闻不问、不予理睬。有人担心跟孩子分离，那跟孩子的感情是不是就疏远了？其实，在这种分离之下，适当地对孩子嘘寒问暖，依然可以维持亲情的美好。况且，当父母真正懂得对孩子的成长放手，孩子会乐在其中。

一个极具讽刺意味的动画《妈宝的一生》在网上流传，引起热议。

孩子出生后，母亲不愿剪断脐带。

从此，脐带不再是滋养的载体，而是控制的手段。

小时候东摸西爬探索世界，母亲拽拽脐带将他拉回怀中；

上学后同学们在窗外踢足球，他只能和母亲待在家中；

和心仪女孩谈恋爱，母亲顺着脐带就能找到他。

去工作，或有个爱好？不可能的，他的世界里有且只能有母亲。

孩子之所以成为"妈宝"，源于母亲极强的控制欲。

他也不是没有反抗过。

试图揪扯、剪断脐带。

母亲则誓死阻止，不惜拿性命相威胁。

牢牢操控的结果，是孩子从生到老，都是与母亲畸形共生。

没有自由意志、独立人格、人际圈子和能力本领可言。

视频最后，小孩已是耄耋老人，一声凄厉的嘶吼化为婴儿的啼哭。

母亲去世后，死神终于剪断了这根脐带，可老人还能变回婴儿吗？

这虽然只是一个动画，却又是多么真实。现实生活中，有多少妈妈是如此控制孩子而不自知，有多少孩子被困其中却无力反抗。当然，也许有些妈妈的控制程度较轻，而有些妈妈控制的程度甚至更加严重。

我曾经遇到这样一位来访者，40岁的年纪还未结婚，他的妈妈还一直称呼他为"我家的小朋友"，这是一位典型的妈宝男。他自己选择的工作，妈妈认为不行，要辞掉；他找的女朋友，妈妈认为不好，要分手……他所有的事情，妈妈都要插手。最后，他一事无成，也没有办法找到适合的女性结婚。

这种事例不少。又或是有些妈宝男就算结婚了，也不会幸福，因为妈妈会一直干涉。

据说某地一名小学生在接受采访时，跟记者说自己班上不少同学家里都安装了视频监控。全班50人，就有十几个同学家里安装了。同学们也都知道自己的父母这样做，无非就是想要监控他们有没有认真学习。但是他们很不喜欢这样，因为自己慢慢有了隐私，可是爸妈还是这样监督，让他们感觉自己不被信任、不被理解与尊重，没有自由。

父母如此监控孩子，以为是为了孩子好、是爱孩子，其实，这只是一种对孩子的束缚、不信任，只是在满足父母的掌控欲。

其实，孩子越小，越需要父母的陪伴、越需要父母的紧密连接，当孩子成长到一定的阶段，父母一定要学会与孩子分离，给予孩子自由成长的空间，允许孩子有自己的人生。这才是"父母真正成功的爱"。比如0到3岁，这个时期最为需要父母的陪伴和无条件接纳，父母应该尽可能多地和孩子待在一起，让孩子感受到自己的重要。而3到6岁，需要父母逐步放手，可以给孩子建立一些规则，让孩子依规则行事，而非完全依赖父母。6到12岁，孩子需要在外界、在学校、在书本中去学习，当然，也需要有一个模范，这时父母要做好身教与言传，对孩子有一些方向性的指引即可，不要对孩子有太多的包办代替，要信任孩子而非控制孩子。12到18岁，这时要对孩子有更多的放手与允许，允许孩子把同伴关系摆在父母的前面：允许孩子更想跟同学在一起，而非父母；父母不在行为上过多去限制孩子，而是给予孩子内心的支持、情感的连接，让孩子感受到父母的温暖即可。18岁以后，父母要放飞孩子，允许孩子给自己做选择，不再过多干涉孩子，要让孩子对自己的人生负起责任。分离的过程，也就是父母从管得多到管得少的过程，这也就是允许与鼓励孩子最终成长为自己，而非一直依附父母的过程。

纪伯伦有一首写给孩子的诗，诗的题目是"你的儿女其实不是你的"。全诗的大意是说孩子并不是属于父母的，他们有自己的思想，有自己的灵魂；他们的明天是父母无法企及的，不要试图让孩子变得和父母一样；父母应该怀着快乐的心情，让孩子一路飞翔。从这首诗里，我们可以看到孩子是有区别于父母的独立的人，因此父母只需要成为孩子稳定的后盾，然后怀着快乐的心情，懂得对孩子放手。

最后，我想说的是我们可以陪着孩子长大，却无法陪着孩子变老，孩子的人生始终要交给孩子自己；我们虽然养育了孩子的身体，但孩子有自己的灵魂与思想，要允许并尊重孩子是一个独立的个体。

真正有智慧的父母，往往更愿意成为孩子的守护神，而不是掌控者。适时地放手吧！给孩子真正的爱，做轻松愉悦的父母。

请给予孩子有效的陪伴

事实上，每一个人都很爱自己的孩子，但是如何去爱，这是一个很大的学问。成人们都在说："陪伴是最长情的告白。"殊不知，对于孩子来说，陪伴就是最长情的爱。

据说有两种妈妈。第一种妈妈说："我不能出去赚钱，是因为有孩子，我要在家带孩子。"第二种妈妈说："我必须出去赚钱，是因为有孩子，我要给孩子足够好的教育。"第一种妈妈是觉得孩子小需要我陪着，于是顺理成章地留在了家里。第二种妈妈觉得孩子的未来不能输在起跑线上，于是努力工作、坚持学习，给孩子好的教育资源、给孩子做最好的榜样。第二种妈妈深信：孩子是培出来的，不是陪出来的！而事实上，既有培育，又有陪伴，这才算是优秀的妈妈。

众所周知，杨澜是一位优秀的职业女性，但她一直努力地保持着成功女性与成功妈妈之间的平衡。她曾披露说，儿子出生后，她坚持自己喂奶，自己带。不过，在儿子1岁多时，她出了次长差，要离开儿子5天，回家后，她发现儿子脸上的表情特别有层次，先是把脸转过去，憋了半天之后才委屈地哭出了声，最后杨澜自己也哭了。

儿子这个无比丰富的表情，重重地定格在杨澜的心里，她意识到孩子幼小时期不能离开母亲：孩子3岁之前，最需要的是安全感，是父母的陪伴，如果不小心缺失了，以后会很难弥补。她下定决心放下所有工作，命令自己在家做了整整一年的"全职妈妈"。

后来，她咨询了很多在职场上很优秀的女性，了解了很多职场妈妈是如何做好孩子养育的，于是，她找到了事业与孩子之间的平衡点，她要求自己不管多忙，面对孩子的每一件小事，都不马虎、不敷衍；与孩子相处时，做到心无旁骛、全然地陪伴。比如，不管多晚回到家，不管多忙多累，都会抽出时间和孩子们交流，会认真倾听他们说话；与孩子们玩时，会全身心地投入；尽量抽空陪伴孩子，尽管她是如此忙的一个人，但她却是孩子钢琴学校里出勤率最高的家长之一。可以说，杨澜确实是一位对孩子做好了有效陪伴的母亲。

而对孩子是否有效陪伴，其实不是以时间长短来衡量的，关键在于父母在陪伴时的状态。有些妈妈辞掉工作在家带孩子，可是面对孩子的时候又经常拿着手机，又或者没有耐心对待孩子，那么，这样的陪伴就算不上是有效的陪伴；而唯有与孩子在一起时，保持快乐的心境，专心致志地陪孩子，完全地投入孩子的世界，这才是有效的陪伴。

其实，孩子需要父母陪伴的时间也不会太多。曾经，就有孩子告诉我，每个星期，只要父母陪我一个小时就够了。再忙的父母，也不至于抽不出那一个小时，关键是父母是否真的意识到了陪伴的重要性，从而抽出那么一点时间，真正用心去陪伴。

有这样一个关于陪伴的感人故事，这是一个真实的故事，我把它记录了下来，并且发表于某杂志。

杰克是伦敦近郊奥平顿小镇上的一名兽医，二十几年的职业生涯让他接触了数以万计的宠物。他自己也是一个非常热爱宠物的人，曾经有一次，当他把一只宠物狗带回家时，却遭到他唯一的亲人——女儿露西的强烈反对，最后他只好将那只狗狗送给别人，从此放弃在家里养宠物的想法。

时光荏苒，一晃十多年过去了，露西已由当年的小女孩出落成亭亭玉立的美少女，她已经是一名高中生了。而杰克已经老了，他的身体每况愈下。

一天晚饭后，杰克邀请女儿坐下来，说有事想跟她商量。

杰克说："宝贝，爸爸很想养一只宠物狗，爸爸希望你能同意。"

"不，我不同意。"露西想都没想就迅速地回答道。

"亲爱的，爸爸这次是真的很想养，请你原谅爸爸！"

"不，我绝不同意！家里有我们两个人就好了，为什么要养一只狗狗呢？"

"……"杰克欲言又止。

过了几天，杰克真的带回了一只斑点狗。露西开始和父亲冷战。

一个周末，父亲到伦敦市内去了，晚上说有事情没有办完，赶不回来。那天，正好有一个同学开生日派对，露西参加了，当时有同学怂恿她喝酒，因为跟父亲连续冷战，导致情绪不佳的露西，最后禁不住同学的诱惑，喝得酩酊大醉。回到家，她打开门后就倒在了地上。第二天中午，当她醒来时，才发现自己竟然睡在地上，但身上盖了父亲房间的被子，而蹲坐在她旁边的是那只斑点狗。她心里突然有一股暖流在浅浅地流淌。再看那只斑点狗，突然觉得它长得还不错，它有着美丽的白色配有水珠似的圆圈花纹，聪颖闪亮的眼睛，匀称的身材，她忍不住用手摸了一下，那滑溜溜的短毛让她顿生爱意。

"走，把被子还回爸爸的房间。"话音刚落，那只狗狗一个跳跃，已经抢在露西的前面，跑进了杰克的房间。露西把被子放到父亲的床上，不小心撞了一下枕头，一个本子从枕头下面掉到了地上，露西随手捡了起来，好奇地翻了翻，没想到里面全是记录着有关露西的文字。

从她还在妈妈肚子里，杰克就开始兴奋地期待她的降临，接着是她的出生所带给他的狂喜……最后一页，竟然是写给斑点狗的："亲爱的亚历克斯（斑点狗的名字），你知道吗？露西她并不是真的不喜欢你，她是一个很有爱心的女孩。相信我，总有一天，她会喜欢你的。自从她妈妈离世后，我总觉得亏欠了她很多，她不能像别人那样既有来自爸爸的爱，还有来自妈妈的爱，而我希望她能获得更多的爱。亚历克斯，我相信你能带给她爱与照顾。世事难料，人生无常，如果哪一天我不在了，我更希望你能够代替我一直陪伴着她……"

不知不觉，露西的心早已被濡湿了！一直以来，露西都觉得爸爸是为了自己的个人爱好而养了那只狗狗，殊不知，父亲是为了她才这么做的啊！

原来，世间有一种伟大的爱，是宁可被误会也会义无反顾地去付出！不久之后，杰克离开人世。后来，在奥平顿这个小镇上，人们经常看到一个女孩牵着一只斑点狗在散步。

这是一个伤感的关于陪伴的故事，由此，我们也可以看到可怜天下父母心。其实，每一位父母都想给孩子爱和陪伴，那么，就好好珍惜趁现在还有时间、还有机会去陪伴自己的孩子。

其实，在孩子的心中，确实希望父母能有一些时间陪伴自己。有一个这样的故事，题目是"二十美元的价值"。

一天，爸爸下班回到家已经很晚了，他很累也有点儿烦，他发现5岁的儿子靠在门旁正等着他。

"爸，我可以问您一个问题吗？"

"什么问题？"

"爸，您一小时可以赚多少钱？"

"这与你无关，你为什么问这个问题？"父亲生气地说。

"我只是想知道，请告诉我，您一小时赚多少钱？"小孩儿哀求道。

"假如你一定要知道的话，我一小时赚20美元。"

"哦，"小孩儿低下了头，接着又说，"爸，可以借我10美元吗？"父亲发怒了："如果你只是要借钱去买毫无意义的玩具的话，给我回到你的房间睡觉去。好好想想为什么你会那么自私。我每天辛苦工作，没时间和你玩小孩子的游戏。"

小孩儿默默地回到自己的房间，上床睡了。

父亲坐下来还在生气。后来，他平静下来了。心想，自己可能对孩子太凶了——或许孩子真的很想买什么东西，再说他平时很少要过钱。

父亲走进孩子的房间问："你睡了吗？"

"爸，还没有，我还醒着。"孩子回答。

"我刚才可能对你太凶了，"父亲说，"我不应该发那么大的火儿——这是你要的 10 美元。""爸，谢谢您。"孩子高兴地从枕头下拿出一些被弄皱的钞票，慢慢地数着。

"为什么你已经有钱了还要？"父亲不解地问。

"因为原来不够，但现在凑够了。"孩子又说："爸，我现在有 20 美元了，我可以向您买一个小时的时间吗？明天请早一点儿回家——我想和您一起吃晚餐。"

原来，跟父亲要 10 美元，只因孩子想要一段陪伴的时光。

如果，孩子在最需要父母付出一些时间去陪伴时，父母却没有做到，等到错过了教育孩子的时机，再想去教育与弥补孩子，就已经太晚了。到那时，就只有叹气和悔之莫及了。

都说孩子是上天送给我们的礼物，那就好好珍惜这份礼物，做好有效陪伴，让我们与孩子互相温暖吧！

要学会和自己的情绪和解

只要是一个活生生的人，就难免会有情绪。我们不妨来认识一下情绪，从而让我们学会与情绪和平共处，而不是被情绪牵着鼻子走。

如果父母经常处于愉悦的情绪状态，孩子也才能有一种愉悦的情绪状态。反之，如果父母经常处在一种愤怒的情绪状态之中，孩子也一定会经常出现愤怒的情绪。

那什么是情绪呢？所谓情绪，是指个体受到某种刺激后所产生的一种身心激动状态。人们处于某种情绪状态时，个人是可以感觉得到的，而且这种情绪状态是主观的。因为喜怒哀乐等不同的情绪体验，只有当事人才能真正地感受到，别人也许可以通过察言观色去揣摩当事人的情绪，但并不能直接地了解和感受。

情绪经验的产生，虽然与个人的认知有关，但是在情绪状态下所伴随的生理变化与行为反应，却是当事人比较难以控制的。情绪每个人都会有，心理学上把情绪主要分为四大类：喜，怒，哀，乐。再把它们细分还有很多，关于情绪的词语可以延伸出几百个。那父母面对孩子时最容易出现哪些情绪呢？

第一种情绪：愤怒。

我见过很多的父母，他们对于孩子时常有一种"怒其不争"的感觉。这类父母，他们觉得孩子原本可以学得更好，可就是不肯好好努力，于是，在孩子没有考好的时候，就免不了对孩子大发雷霆。又或是孩子平时有一点事情没有做好，他们便怒不可遏。

经常对孩子愤怒的父母，其孩子性情一定也会很糟糕，要么爱发脾气，要么过度压抑自己。

第二种情绪：焦虑。

焦虑的家长总是爱"对比"，他们在对比中发现了孩子的落差，千方百计抢先出发。总试图让孩子领先于人，害怕孩子屈居人后。于是，在焦虑的无休无止的自我较劲和竞争妄想中，不断给孩子增加重负。

他们时常担心的是孩子成绩不好怎么办，孩子上不了好的大学怎么办。在他们的观念里面，上不了好的大学就找不到好的工作，找不到好的工作就没有好的未来。这类父母由此推断，孩子现在不出类拔萃，那他这辈子就完了。这类父母总是在提前焦虑未来。

当父母过度焦虑孩子时，孩子也势必容易变得焦虑，甚至强迫或是抑郁。

第三种情绪：难过、悲伤。

有些父母，会直接跟孩子说："你看我，为了你付出这么多，我有多累、多苦。""我就是为了你，才不得不这么辛苦、才不得不这么艰难！""你让我感到很伤心、很失望！"又或是有些父母没有直接说出来，但表情当中时时充满难过、悲伤。

其实，父母难过、悲伤的情绪会感染到孩子。有一个正在读幼儿园大班的孩子，有一次一个人站在阳台上很久。老师喊他回来，他说："我想跳楼。"老师说："这么高的楼，跳下去人会摔死的。"他说："我就想死。爸爸妈妈他们吵架，都说他们很难过，都说想死，我也很难过，我也想死。"

以上所说的三种情绪，大家去想一下，罪魁祸首真的是孩子吗？一个容易愤怒、焦虑、悲伤的人，他不单单是对孩子这样。仔细观察，会发现愤怒的父母，他们原本就是爱愤怒的人，平时的生活、工作中也是爱发怒的人，而面对没有反抗力量的、不会带来直接利益损失的孩子，他们会更加肆无忌惮；容易焦虑的父母，生活方面或是工作方面也可能容易焦虑；容易悲伤的父母，可能自己平时就会沉浸在悲伤的状态之中……孩子其实是一面镜子，更真切地照出了父母的样子。

俗话说育儿先育己。想要教育好孩子，父母就应该先要调整好自己。面对自己的各种情绪，要学会与自己的情绪和解。有很多的父母，在意识到自己有情绪后，会说我要学会控制情绪才行。事实上，情绪不是靠控制的。控制情绪真的很难，就算这个人有极强的意志力，一两次控制住了，长此以往呢？这就很可能这个地方压住了，其他地方又剧烈爆发出来。情绪积压得多了，偶尔一件小事往往就会成为压垮骆驼的最后一根稻草。

情绪很难控制，却是可以管理和很好地表达与转化。这样，我们才能成为情绪的主人，而非被情绪所累。我们要做的，不是去除或压制情绪，而是在觉察情绪后，把情绪表达出来（表达情绪，而非情绪化地表达，这样便不会伤人伤己）或是接纳情绪，最后选择新的模式。由此，让情绪得到疏通与转化，就是健康的情绪管理之道。

我们可以来仔细分解一下这样的情绪管理三部曲。

一、觉察情绪。

每当情绪来了，先向内看，自己内在愤怒、害怕、焦虑、担忧、难过、悲伤的是什么？明白当前所处状态，背后深层的困扰是什么？心理学家荣格说："没有觉察到的事，就会变成你的命运。"如果没有清晰的觉察，我们就会重复同样的行径与模式。而如果觉察到了，便可以改写我们的命运。当我们往深去看到自己愤怒、焦虑、悲伤等情绪，背后都可能指向曾经的不满或是恐惧、不安时，这样的不满和恐惧需要我们去照顾它，或者说是疗愈。

简单来说，可以对当年的不满去发泄一通，去找人倾诉或者大哭一场，去释放当年的不满；如果是年幼时有不安感，也可以试着在内心反复告诉自己现在一切都已经过去了，我已经长大了，我现在是安全的。去找到内心原本可以拥有的安全感。而一旦有了觉察，就等于开启了疗愈之路，生命也将会因此有更多可能性。

二、学会接纳。

当我们觉察到自己的情绪之后，不管是愤怒也好，焦虑或悲伤等情绪也好，如果我们没有更多深层积压的情绪，那么便可以跳过疗愈这一步，而只需要我们不批判它、如实地接纳它，接纳我们此刻就是有情绪了。放下所有的应该这样、不应该那样的想法，放下不管是对孩子的评判还是对自己的评判；放下对于"有了情绪是不好的""不想要这样的情绪"的想法。采取接纳的做法，除了不批判、不排斥，还可以在有情绪的时刻，去做深呼吸，把所有的注意力放在自己的呼吸上，去关注一呼一吸，直到自己感觉平静。

其实，每件事情的发生，都有它的道理。接纳已经没有办法改变的事情，平静地去改变自己能够改变的事情，这样，我们就不会常常深陷情绪的漩涡之中了。

转化：重新选择新的习惯模式，放下旧有的模式。

作为父母，我们可以去思考，如果原有的情绪模式于自己、于孩子都没有好处，那又何必一直去抓住它不放呢？所以，可以提醒自己：是时候去调整我们的情绪模式了。而当我们有了真正的觉察和接纳之后，其实就可以放下旧的模式、重复的行为，重新选择新的模式。这新的模式便是平静喜悦。可以在做接纳情绪的时候，在每一次的深呼吸之后，便进入转化的时刻，告诉自己："我正在变得平静，我越来越平静，我的内心开始充满喜悦。"

看吧，这三步连贯起来做，其实也挺简单。重要的是，父母们需要真正用心去实践，真正用心去这样做。真正用心去做了，就可以比较彻底地解决我们的情绪困扰。

而如果经常感觉自己总是遇到一些不开心的事情，也不妨学习下面故事里这位大臣的做法，凡事去看到好的一面。

据说，有一位大臣深受国王宠信，他经常跟随在国王身边。有一次，国王在后花园练剑时不小心把手指割掉了，这位大臣却说这是好事。国王心想："朕的手指都掉了，你还说好，你安的什么心？哼……"于是下令把这位大臣关入大牢。这位大臣又说："关入大牢是好事。"

后来，国王带着文武官员出去狩猎，错误闯入了食人部落。国王被食人族抓住了，刚好这食人部落在举行祭祀仪式。但这食人部落有一个规定，身体残缺的人不能要。当食人部落负责祭祀的祭司发现国王有一根手指断了时，对族长说："有一个身体残缺的人不能要，如果一起祭祀的话是对祖先的不敬。"族长下令说："把他放了吧！"其他跟随国王去狩猎的大臣都被用来祭祀了，只有国王逃过一劫。

国王回宫后，想起了被打入牢房的那位大臣，便来到牢房看他，国王谈起了被食人族抓住了又释放的事情，接着说道："朕现在能明白你说的手指割掉了是好事，但把你关入大牢你为什么说也是好事呢？"大臣笑了笑说："要不是您当时把我打入大牢，您肯定会带着我去打猎，那我的命早就没了。"国王想了想觉得挺有道理，于是把这位大臣放了出来。

所以，不管对待孩子还是我们父母自己，都可以去宽慰：坏事背后有好事。不管孩子或是我们自己发生了什么事情，多去想背后可能有好事在等着。这样，就大可不必去动怒、着急或伤心了。

还有一些应对情绪的方法，比如绘制曼陀罗。心理学家荣格在与弗洛伊德分道扬镳之后，就是靠画曼陀罗走出了心理困境。

除了以上的方法，运动、听音乐、徜徉于大自然等也都可以疏解情绪，父母不妨选择自己喜欢的方式。与情绪和解，不再带着情绪去面对孩子，就可以拥有平和愉悦的人生了！

接纳自己，才能更好地接纳孩子

我经常提倡父母要接纳孩子，但父母接纳自己同样重要，甚至可以说比接纳孩子更重要。因为当我们能够接纳自己之后，才能更好地接纳孩子。

可是，很多时候，父母不能很好地接纳自己：不能够接纳一些发生在自己或是因为自己孩子身上的事情，不能够接纳自己的性格、长相，等等。

一般来说，当人们遇到困难的事时，会觉得很烦，心里难受，这是人之常情。但有些人会严重到很讨厌那件事，又甚至会是恨别人或者是恨自己导致了那件事，极度地排斥那件事、憎恨他人或是讨厌自己。

可是，已经到来的或是发生了的事情能够让它不发生吗？显然不能。困难或是事情已经发生时，如果我们不接纳，就很容易消极地对待。这样，就只会令自己陷入更加痛苦的境地，于事不利，于己有害。这些道理大家也都会懂。可是，有些人会说这些我们都知道，但是很难做到这样呀！

那该怎么办呢？当困难与烦恼来了时，如果你很难做到不痛苦，那么就要允许自己在那一个痛苦里待一待，要允许自己跟它和平相处，不要过度地害怕、讨厌、排斥它。中国有句古话："越怕鬼，鬼越来。"所以，越是害怕、讨厌、排斥的东西，越是会把它牢牢地吸住难以松开。而你一旦接纳它（一是思想的接纳，二是一边做深呼吸一边告诉自己"我接纳已经发生了的事情"）时，你便不需要消耗更多的能量去对付它，而它也反而会松开你。

不光是对于发生在我们身上的困难与痛苦事件，我们选择用接纳的方式去应对更有效，对于与他人相处，包括孩子、爱人、朋友、同事等也是这样应对会更有效。当别人身上某些地方我们不能改变，我们用接纳的态度来应对，便少了疲惫，少了针锋相对，对方反而也更可能改变。这也就是放过他人，就等于放过自己。

如果我们希望再进一步与他人有一个良好的关系，那么我们就要想：自己希望别人怎么对待自己，自己就要先怎么对待别人。这也是心理学上讲的人际交往的黄金法则。不带目的、不计回报地去付出、去接纳，不管对方怎么做，我只是怀着喜悦的心。而对待自己也同样适用，我想要别人怎样对我好，我就先这样对自己好。这是"自给自足"的好方法。

有些人会不喜欢自己的个性或是长相，会怪父母把自己生养成这样。其实，每一位父母都在他们的认知和能力范围内去对待孩子，而长相也是父母没有办法去控制的事情。很多人也在说，30岁前的长相来源于父母，30岁之后就靠自己去修——这时就是相由心生了。

有这样一个人，他刚生下来，就没手没脚。在他出生后的4个月里，他的父母非常震惊、痛苦，不知所措。4个月之后，父母才开始接受了他就是长成这样的事实。但随着慢慢长大，他有时被人嘲笑，他自己也变得非常讨厌自己，曾经有一段时间情绪非常低落，甚至想要结束自己的生命。他说："我一度非常愤怒，为什么我是这个样子？我这辈子还有什么指望？"

然而，在父母无比接纳和充满爱的支持与鼓励下，他终于学会了接纳自己。"我的父母告诉我：我怎样看自己，别人就怎样看我。如果我觉得自己很可怜，那么别人也会觉得我很可怜。我把自己看成正常人，别人也会把我看成正常人。"他对自己的接纳，也带来了他人对他的接纳。这个人叫尼克·胡哲。他后来还娶了一位美丽的妻子，成了一位出色的父亲。

我们大多数的人比尼克·胡哲幸运，我们大多数的人一出生就身体健康、四肢健全。

对于父母，我们是没有办法去改变的，对于我们一出生长成怎样，我们也是没有办法改变的。我们唯一能做的，也就是接纳：接纳父母，接纳自己。接纳父母是指也许父母是用了一些错误的方式对待我们，但也是在他们的认知、能力范围内尽力地给了我们最好的教养。接纳父母有不完美的地方，从而接纳自己也有不完美的地方。在自己的孩子面前，我们也是父母，当我们接纳自己的好与不好的地方，也才能接纳孩子的优缺点，并爱上自己及孩子的优缺点，如此，我们的生活才会踏上和谐美好的旅程。

而最大程度的接纳自己，就是要学会好好地爱自己。有些人看到这里，大概会纳闷：谁不爱自己呢？

爱自己说起来容易，真正做到却不容易。我见过的做不到的人，实在是很多。有些人以为的爱自己，大概是让自己享用一顿好吃的食物或是一件高档的物品；或是给自己放个假，好好休息一下；又或是在他人面前不吃亏，给自己多一些好处等。这些，其实充其量只是表浅的爱，甚至有些都算不上是爱，因为这里面，有些人会误把自私等同于爱自己。而真正的爱，是不管外界怎样，自己都能够发自内心地欣赏自己，喜欢自己，不嫌弃自己，充满柔情地对待自己。

有些人物质生活非常丰富，但是内心却时常感觉空虚，一味地追求事业的成功，只是为了证明给他人看——自己还不错，却不懂得从内心去认可自己。这样的人，自然也没有办法很好地认可孩子。我见过一个全款买了五套房子还担心自己没有钱的人，他说他并不快乐，他总是觉得自己不够优秀、不够成功。

有些人会觉得整天把自己打扮得光鲜亮丽，认为这是爱自己的表现。可是一遇到事情，要么暴跳如雷，要么忧郁悲伤，不断地用情绪刺伤自己。殊不知，真正地爱自己，是应该像照顾外在那样精心地照顾自己的内在，甚至比照顾自己的外在更加懂得呵护自己的内在才行，要让内在时时能有圆融自在的情绪，而不是在内在上攻击、消耗自己。

爱自己，是走在人生的历程中，能跨越内心的千山万水，可以把磨难修成一道风景，把苦涩品出一丝清甜；爱自己，是在内在对自己多一点自信与认可，对自己多一点呵护与淡定，在内在有一份芳香氤氲……

一个人只有真正爱自己，才能真正爱孩子。

接纳自己与爱自己，就从今天这一刻开始——由今天这一刻开始，我们支配自己、把握自己；接纳孩子与爱孩子，就从自己的孩子开始，不再往外去看，不再去比谁谁谁家的孩子又比自己家的孩子做得好——眼前这个就是属于自己的最好的孩子！

接纳，意味着不再钻牛角尖，不再较真，不再跟别人过不去，也不跟自己过不去，不跟孩子过不去。唯有接纳，才能更好地品味自己的美好、孩子的美好、人生的美好！

别用暴躁伤害孩子

一

小宇是一个比较安静的孩子，他吃饭时喜欢细嚼慢咽，因此，他吃饭花费的时间就比较长。有一天，小宇的妈妈请朋友一家人到饭店吃饭。那天在饭桌上，朋友家的孩子吃饭特别快，三下五除二就吃完了。而同样的一碗饭，小宇却才吃了二分之一。

朋友家的孩子因为先吃完，就拿起饭店赠送的气球来玩，小宇看到后，自己也忍不住伸手去拿气球，但却不小心把旁边的碗撞到了地上——摔烂了。妈妈看到这样一幅景象，立即怒不可遏地用筷子重重地敲打小宇的头，小宇的眼泪唰地下来了，却不敢哭出声。

妈妈这个时候还振振有词："还好意思哭？你看看别人吃饭多快，你看看你，磨蹭多久了还没有吃完？现在还把碗给打烂了，真是气死我了！"尽管朋友和饭店的服务员都说，小孩子打烂一个碗没有关系。但小宇的妈妈却依然不依不饶地指责孩子。

小宇的妈妈，其实是一个脾气火爆的人。

二

作为父母，首先要学习的是处理好自己的情绪。

如果父母不能很好地处理自己的情绪，那么，就很容易将情绪撒在孩子的身上。在面对孩子时，如果自己情绪佳，对待孩子态度自然好；如果自己情绪糟糕，孩子就没有好果子吃。

所以，当面对孩子生气时，请想一想，真的是孩子让我们生气吗？孩子真的有那么糟糕吗？就算孩子有错，这个错是孩子故意要犯的吗？是不可原谅的吗？

孩子大多不是故意做错事的。就算错了，我们做父母的也要去思考，到底是打和责骂来得重要，还是理解和引导、反思来得重要呢？

小宇妈妈的做法，有很多地方值得商榷。其中，比较明显的地方是用暴躁的情绪、用打的方式去对待孩子。每个孩子的个性不一样，做事和吃饭的快慢也不一样，又何必强求一定要快呢？

面对孩子时，我们可以思考：真的是孩子令我们这么生气吗？还是我们没有调整到一个好的状态去面对孩子？

面对我们的负面情绪，我们应该负起责任，而不是一味责怪地说："都是孩子惹的祸。"我们要用内在的自己，去看一看情绪怎么在我们的身体里面乱窜。当我们去觉知它的存在时，它才能逐渐变得安静、乖巧，否则，它便张牙舞爪，见谁伤谁。

关于情绪，我们还可以在源头上去做处理，去揪出情绪的真凶。很多时候，我们以为让我们不开心的是外面的人、事、物。"正是张三、李四这样做，我才不开心。""正是遭遇到这种事情，我才会气急败坏。""正是老天不公，我才会这么倒霉。""正是孩子不听话，我才会发怒。"……当我们把所有不好的情绪都归咎于外界时，我们的怨气只会越来越多，我们的情绪只会变得越来越差。

事实上，同样一件事情，不同的人遇到就会有不同的情绪结果。著名的心理学家埃利斯告诉我们："真正使人痛苦的，并不是事件本身，而是人们对待事件的看法。"所以，要想改变我们痛苦的情绪，其实是要先改变我们对人、事、物的看法，要先改变我们的心态。

比如，在我们正处理事情时，孩子来问我们问题或是找我们陪他玩，如果我们心中的想法是："这个孩子就爱捣乱。"那么，我们必定会火冒三丈。假设我们是另外的想法："孩子遇到难题了，他很需要我们的协助。"又或是"孩子感到孤单了，他需要我们的陪伴"。而孩子做某一件事情做得不够好时，如果我们想："孩子就是给我丢脸。"显然我们就很容易生气，如果我们换成这样想："没有人天生完美，孩子只是这个部分弱一些，如果我更耐心地给他一些示范，也许他能做得更好。就算他一直做不好这个，但他还有很多其他优点。"当我们把对孩子的负面看法转换成正向的看法时，我们就会冷静、理智地对待孩子，从而真正地协助孩子成长。

一念天堂，一念地狱。真正制造消极情绪的元凶是存在于我们自身，而不是在外界，更不是在孩子。

三

事实上，每一个孩子都希望父母亲因他而开心快乐。

有一对母子，在一次参加我们的亲子活动时，有一环节是讲述过往的经历，当孩子讲到过去的日子里，父亲对其极为严厉，甚至稍不如意就打骂对待孩子时，母亲一直在旁边轻轻地擦拭眼泪。当我们问孩子是否恨父亲时，孩子说不恨，说父亲这样做也是为他好，这时，母亲哭得更大声了。母亲或许一方面心疼孩子，一方面也佩服孩子有这样的胸襟。而孩子看到母亲哭得这么厉害，立即停止分享，转而安慰母亲，一直在旁边叫母亲不要哭，不要难过。

孩子内心深处真实的声音，是不想父母因为自己而伤心。除非，父母一再地让孩子伤心，一再地打压孩子，而孩子受父母长年累月的影响，于是也就学会了以牙还牙。

孩子在还小的时候，语言表达能力是有限的，然而，那幼小的心灵，渴望父母开心快乐的想法是实实在在存在的。他又怎么可能会故意惹我们不开心，故意使我们烦躁呢?

四

小宇妈最后意识到，那个做错了的，其实不是孩子，而是自己——正因为自己一再强调孩子的"慢"，所以孩子才越来越慢，正因为自己对孩子没有耐心，孩子才不知道怎样做会更好;正因为自己总是打骂指责孩子，孩子才总是容易慌乱出错。而比起一个碗，孩子幼小的心灵显然才是最应该被在意的。

妈妈们，在你生气的时候，请坦诚地对孩子说一句:"对不起，我愤怒的是我自己。不是你的错，跟你没有关系。"当你这样说时，对孩子的伤害就可以终止，并且，孩子内心可能还会对你产生更大的关心，他并不想你这么难受，他是希望你可以更好呀!

各位宝爸宝妈，抖落内心过多的情绪，用轻松愉悦的情绪与孩子互动吧! 岁月原本静好，愿我们都能在育儿的路上轻装上阵。

如何协助孩子达成目标

有一个读初三的孩子，来找我做咨询。他说自己总是爱玩手机，很难控制，可是他又希望将来能够实现自己的人生目标。我问他人生目标是什么，他说希望将来成为一名医生，像钟南山一样。

我请他思考清楚，确认自己是真的想成为一名医生吗？他说是的。

接着，我邀请他写下为什么想成为医生的理由。他写了以下 7 条：

1. 医生是一个崇高的职业，受人尊敬；

2. 因为自己小时候生过一场大病，是医生救了自己，自己对医生最好的报答就是像他们一样去治病救人；

3. 学医可以更懂得照顾父母的身体；

4. 当医生可以有一个不错的收入；

5. 医生是一个可以从事一辈子的职业；

6. 医生会有一群不离不弃的医院同伴；

7. 在大灾大难面前，医生总是能发挥积极的作用。

他写完了之后，我请他再看一遍，请他再次审视和确认是否要做医生，他看完点了点头。我请他用嘴巴说出来，要坚定地告诉自己才行，他大声地说：“我将来一定要成为一名优秀的医生！”

在他确认自己的人生目标之后，我请他说说玩手机的情况，他说每天晚上看一会儿，大概 30 分钟；周末看的时间就比较长，有时一天会看六七个小时。他说，浪费的时间还是有点多。接着，我请他思考，那如何可以花更多一点的时间学习。他说：“以往周末一起床就看手机，不知不觉时间就过去了。以后可以调整到周末的时候一起床先学习，然后再看手机。具体安排是上午学习 3 个小时，看 1 个小时的手机；午休之后也是先学习 3 个小时，再看手机；晚上学习两个半小时，散步半个小时。总之，周末每天要安排最少 8 个半小时学习，把看手机的时间限制在两个小时内。"

接着，我请他把刚才说的写下来，做一个周末习惯表，贴在每天一起床就能看到的地方，同时把钟南山的照片贴在这个表格上——这样做的目的是给孩子强烈的暗示与鼓舞："我"可以像钟南山爷爷那样自律与努力，"我"要成为那样的一个人。到了周末时，做到了就打对号，没有做到就空在那里。如果没有做到，非周末的时候就不再看手机，并且每天增加 1 个小时的学习时间。

接下来，我邀请他进入 NLP 中的理解六层次（指的是人类大脑在处理事情的时候会有的六个逻辑层次，从下到上分别为：环境、行为、能力、信念、身份、系统），让他很清晰地看到自己真正需要如何做才能达到目标，并且达到目标之后对自己意味着什么。

第一层，环境层面。请他思考他生活和学习的环境，有哪些时间、地点、人物可以协助他去达成自己的目标？他说目前就是周末浪费的时间比较多，所以一定要在周末多抽出一些时间学习；在家里学习环境还是比较安静，地点有保障；人物方面，有不懂的作业可以请教爸爸。

第二层，行为层面。请他思考如何做可以达成目标。他说自己在学校和在家里的学习状态都还不错，继续保持这种学习的状态，然后减少看手机的时间即可。

第三层，能力方面。请他思考为了达成目标，自己是否具备了这样的学习能力。他说自己的生物、化学都学得比较好，适合学医学；但其他科目相对较弱，要想将来成为钟南山爷爷那样的人，还需要更加发奋学习，一定要考上本地最好的高中才行。

第四层，信念方面。请他思考他人生的价值。他说做医生救死扶伤，这是一个崇高的职业，可以实现人生价值，所以值得坚定地追求。

第五层，身份方面。请他思考将来要成为一个怎样的人。他说自己就想成为一个有价值的人、受人尊敬的人、能够利益他人的人、像钟南山爷爷那样的人。

第六层，系统方面。请他思考为什么而活，以及跟社会和世界的关系。他说为自己而活、为家庭而活、为人们的健康而活，多为社会做贡献，让世界因他而更加美好。

在他每说完一个方面时，我都会跟他击掌确认，鼓励并相信他可以做到。

接下来，我请他想象，他实现理想的那一天，那时的场景是怎样的？整个场景是怎样的欢欣？他的心情是怎样的愉悦？请他定格住那一刻的美好画面。

经过这次咨询之后，那个孩子后来考上了当地最好的重点高中，他正在一步步接近他的人生目标。

各位爸爸妈妈，大家也可以借鉴一下以上的做法。当孩子有不好的表现时，不要责骂孩子，而是用平静的语气与孩子沟通，问他自己是怎样想的。等他想通了之后，再跟孩子讨论可以采取的改进方式。如果孩子有了人生的目标，就请他写下来为什么要去实现这样的目标，请孩子好好审视，可以让孩子进行三次的确认。接着，就可以进行 NLP 六个层面的问话，让孩子在每一个层面去看到该如何实现目标，这个时候父母要给予孩子肯定、鼓励和信任。最后，请孩子想象成功后那时的景象，以此激励与吸引孩子一步步达成目标。

各位爸爸妈妈，不用急着怪孩子没有人生的梦想和目标，可以去审视一下，是否自己有激发过孩子的梦想？是否自己有正确支持过孩子的目标呢？

为什么孩子在妈妈面前不乖

沫沫是一个两岁半的孩子，她的妈妈是一名公务员，爸爸是一名自由职业者。爸爸有非常多的时间在家里陪伴她，爸爸也非常乐意带着她，在跟爸爸相处时，沫沫都表现得很乖。妈妈则需要朝九晚五地上班，但只要妈妈一回到家里，沫沫就好像变了一个人，变得"不乖"起来，变得不听指令，又特别黏妈妈，简直是寸步不离，像是一个"跟屁虫"一样，一直紧紧地跟着妈妈，并且在妈妈面前还不时地撒泼、哭闹。让妈妈不知所措。

妈妈一开始觉得沫沫是因为白天一天没见妈妈，才跟妈妈闹脾气或者撒娇，但是周末的时候，妈妈陪着沫沫两天，孩子也是这样。

沫沫的妈妈于是来问我："黄老师，为什么我的孩子在我面前就显得很闹腾，可是在爸爸面前或是其他人面前就很老实，这是怎么回事呢？爸爸还说是我给惯的。唉——"

我告诉她，其实，这是一种普遍的现象，很多孩子都是在爸爸面前"乖"，在妈妈面前就显得没有"那么乖"。

那到底哪一个现象更好呢？《美国儿科学会育儿百科》一书说："当妈妈不在的时候，家人或保姆告诉你，孩子表现得像个天使。千万不要急着高兴，这只是因为孩子对其他人信任不足，所以才不敢去试探他们的底线。"

如果孩子在妈妈面前特别闹腾，那是因为在妈妈面前，孩子可以感受到理解、保护和爱，孩子可以做最真实的自己。因为孩子知道，无论怎么闹，妈妈对他的爱永远都不会变。如果遇到困难，妈妈会帮忙解决；如果哭得凄惨，妈妈会心疼；如果在妈妈面前发脾气，妈妈会认为到孩子一定是遇到了特别难受的事情……他知道，无论怎样，妈妈总是会给予他最大的保护与支持，总是会给予他最温暖的爱。

其实，每一个孩子都会自然地、本能地用自己小小的身体去探索外界，去探索他人，而在这个过程中，最熟悉的人就是妈妈，因为在妈妈肚子里住了 10 个月，对妈妈有与生俱来的信任感、安全感。而在爸爸或是外人那里，孩子显然没有这种天生的安全感。况且，孩子一次次的经验也会告诉他："在爸爸那里只能变乖。"举例来说，假设孩子某次想要去拿某个东西时，如果爸爸觉得不行，就会突然大吼一声，或是怒目圆睁，这就会让孩子觉得特别害怕，孩子只能变乖；而同样的一个事情，妈妈看到了可能会给予更多的共情和支持。

面对其他人，与其说孩子乖巧，不如说是谨慎、害怕和无奈。因为没有任何其他人能像妈妈那样，给到孩子这样一个安全的港湾。

当然，也有些妈妈特别严厉，与孩子缺乏情感的联结，久而久之，孩子在妈妈面前也会丧失安全感，于是，在妈妈面前也不得不变得"乖"起来。但是，这样成长起来的孩子，在学校大多就没有办法有好的表现了，因为一直的"乖"、一直的憋屈，最后就会找个地方爆发出来，又或是到了青春期在家里爆发出来，又或是一辈子活得唯唯诺诺，没有办法做自己。

我见过一位妈妈，她告诉我说，在她参加我的父母课程前，她的女儿从来没有跟她聊过心事。她的女儿曾经还说很希望换妈妈，因为一直觉得妈妈很凶，很不理解她。后来，参加我们的课程之后，随着她跟孩子有了更深的情感连接，孩子又找回了在她面前的安全感，孩子慢慢变得跟她无话不谈，而孩子在学校的各方面表现也变得好起来。

对于孩子的成长来说，妈妈显然是最为重要的角色，如果妈妈都不能给到孩子安全感和信任感，那么孩子就真的有苦无处诉，最后，孩子就只能选择闭嘴，只能"变乖"。所以，我们不必祈盼孩子在妈妈面前是一个"乖"的孩子。

　　而如果孩子只是在妈妈面前才会出现"不乖"的行为，说明妈妈在他心中的位置无人能及，妈妈已经跟他建立了安全的依恋关系，是他最重要和最信任的人。对于孩子来讲，妈妈的存在就像是一个安全岛。

　　记得我的大儿子在 3 岁时，我们全家人与几个朋友一起去爬山，当他走累了时，他就只要我抱着他，其他人都不要。几公里的山路，把我累得气喘吁吁，他却一路上欢乐无比——因为在妈妈的怀里，他的感受才是最好的。

　　而我的小儿子对我的"闹腾"行为，是跟我上街时，看到他爱吃的东西，他会要我给他买，他会表达他的渴望。如果是换成跟他爸爸上街，他不会吵着要买东西，爸爸每次回来就会说他很"乖"。

　　看到这里，相信各位妈妈会知道，如果一个孩子在他人面前"很乖""很老实"，而在妈妈面前却很闹腾甚至发脾气（当然，这个时候可以先去共情他，并且去弄清背后可能的原因，待其平静后再讨论引导，妈妈一直没有被激恼，孩子慢慢才会有稳定的情绪），这并不是什么坏事，并不是这个孩子想为难妈妈，而只是因为孩子把妈妈当成了他最信任的、最有安全感的人；而如果一个孩子在妈妈面前很拘谨，反倒说明妈妈可能太过于严格，孩子的内心不能畅快，生命能量会被拉低。

　　如果一个孩子在妈妈面前不乖，那么妈妈们应该庆幸了，就请带着爱的眼光与共情的态度与孩子享受这"黏糊"的状态吧！"黏"到一定的时间，自然就不会再"黏"了。

父母应成为孩子生命里的那道光

结婚多年，凤却一直没有怀孕。人到中年之时，凤才好不容易地怀上了孩子。或许是她太急切地想要当妈妈了，又或许是孩子也想早点跟妈妈相见，孩子提前出生了。在孩子娩出之后，凤却不幸地大出血。鲜血染红了医院一张又一张床单，任凭医生用多少止血药，血液还是无尽地往外流。凤的脸色逐渐地由红变青，又由青变白。当地的医生已经无能为力了，只好派救护车，以最快的速度把她转运到上级医院。到达上级医院时，凤的心跳跟呼吸已暂停了一分多钟……

在一个寒冷的冬季里，我听到了这个最最冰凉的消息。所幸的是，凤最后被抢救了过来。但凤的子宫却永远失去了。当我走在去看望凤的路上时，我猜想她的心情定会是相当低落。然而，我错了。尽管凤的身体还是相当虚弱，可她的精神状态却非常好。

我忍不住问道："为什么你在死神那儿走了一遭，心情还能这么好？"

凤回答道："当时，我真的以为自己就要死了。我无法用语言形容我当时有多痛苦不堪。在生死边缘徘徊时，我脑海里念念不忘的就是我那个刚出生的孩子。所以，无论如何，我都要挣扎着从生死边缘走回来。我明白，那是比我生命更重要的东西。我想，这种痛苦，没有经历过的人是不会明白的。就在那几个小时里，我暗暗发誓，如果我能活过来，我一定要善待孩子，善待生活，善待他人，善待一切的一切。不要说是用一个器官换回一条命，就是再拿走几个器官，也没有关系。只要让我继续活在这个世界上，只要我能继续陪伴孩子成长。"说到这里，凤显得异常兴奋。

　　旁边睡着的小宝宝突然哭了，大概是被我们吵醒了。凤立即小心翼翼地抱起小宝宝，嘴里哼着摇篮曲。再看凤，脸上已经满是幸福的表情。

　　"快看，宝宝微笑了呢！"凤像是发现了新大陆似的开心。

　　看着这一切，我的心立即温暖起来。而窗外的那束阳光，也悄悄地洒了进来，温情地照着这一对母子。

　　我突然明白，有时候，信念的力量是如此惊心动魄。也从来没有一种爱，比历经生死更铭心刻骨。

　　在鬼门关走了一遭的凤，因着孩子，有了坚定的求生意念，孩子在那一刻照亮了她的生命。而现实生活中，又有多少人能够体会到孩子是自己生命的那道曙光呢？有多少人能够好好地珍惜这道曙光呢？再反过来呢？每一个孩子也是渴望父母就是他的曙光，每一个孩子又是多么盼望能够被父母照亮！

　　如何去照亮孩子的生命？如何给孩子生命的曙光呢？

　　有人曾说："任何一个优秀的孩子，都不是横空出世的奇迹，而是有迹可循的因果。他的因，在家庭。他的根，在父母。"所以，如果想要孩子优秀，那父母就想想：一个优秀的父母应该是怎样做的。如何做，才是在向孩子播撒光明而非制造黑暗呢？有这样几位名人的故事：

　　第一位登上月球的人阿姆斯特朗的妈妈，就是一位懂得给予孩子曙光的妈妈。在阿姆斯特朗 6 岁的时候，他曾认真地说："妈妈，我要到月球上去！"他的妈妈笑着说："好啊，只是你别忘了要从月球上回来，要记得回家吃饭。"这句温柔的接纳而鼓励的话语，始终铭刻在阿姆斯特朗的心中。

　　正是有了妈妈这样的鼓励与支持，33 年后，当他从月球返回地球时，记者问："此时此刻你最想说的话是什么？"

　　阿姆斯特朗答："我想对妈妈说：'儿子从月球上回来了，我会准时回家吃晚饭。'"

　　这样的事情，如果换成其他的妈妈，在那样一个年代，有可能就会说："你这是做白日梦吧？人怎么可能上去月球呢？"

当孩子有一个梦想时，不管它听起来是多么荒诞离奇，做父母如果能够支持孩子，这就是给了孩子一道光，就会照亮孩子的人生。

马克思的教女之道，也是给孩子播撒生命的曙光。众所周知，马克思是一位伟大的革命家、思想家、理论家，但同时他也是一位非常慈祥的父亲。他教育子女的方法不是一味地说教，而是将正确的思想寓于生动的故事之中。

在女儿艾琳娜很小的时候，马克思就给她读完了荷马的全部作品以及莎士比亚的许多剧作。有一次，艾琳娜被马利亚特的航海故事所感动，尽管当时她还不懂船长是怎么回事，但却被故事里船长的事迹深深感动。

她说，她也要去做一名"船长"。她问父亲，自己是否也可以扮成男孩子，并偷偷逃走去租一艘军舰呢？父亲告诉她说，这当然是完全可以的，不过在计划还没有完全成熟之前，不应该把这件事告诉任何人。父亲接纳而不批评的做法，让女儿无比地信任他。

马克思对于女儿提出的问题，总是给予具体又透彻易懂的解答。有时女儿提问题，提得不是很恰当的时候，又或是有时女儿太过于固执，但马克思却从未恼怒过，他总是那么温和且有耐心；有时他正在忙于其他事情，女儿也会跑来跑去向他提问题，他都耐心解答，他从来不让孩子感觉到她打扰了父亲。

马克思可以说是一位宽以待孩的典范。当父母不随意斥责孩子时，孩子的思想、创意就得到了保护。

黑柳彻子在刚上小学时，因为好奇心，经常违反课堂纪律，被学校开除，她被认为是一个问题孩子。而她的母亲何其智慧，既没有责骂孩子，也没有告诉孩子她被开除的事情，而是把孩子送到了巴学园。

巴学园校长小林宗作的教育理念是："无论哪个孩子，当他出生的时候，都具有优良的品质。在他成长的过程中，会受到很多影响，有来自周围环境的影响，也有来自成年人的影响，这些优良的品质可能会受到损害。所以，我们要早早地发现这些优良的品质，并让它们得以发扬光大，把孩子培养成富有个性的人。"

　　黑柳彻子最终能够成长为一名著名的电视主持人、作家，母亲和巴学园校长对她的理解、包容、尊重、无条件的爱，就是照亮她生命的最亮的那道曙光。

　　孩子来到这个世间时，本来就自带光芒，关键是父母是否懂得欣赏和珍惜；而作为父母，更是应该成为照亮孩子生命的那道光，关键是父母真的愿意并用对方法来给予孩子光芒。

让家庭成为孩子成长的良好土壤

曾经有一位朋友跟我讲述，她说自己哥哥家的孩子，上学经常迟到，作业没有办法完成，晚上又总是很晚睡，有时还说睡不着，她哥哥为此很是苦恼。我这个朋友，她很想帮助这个孩子，就答应让哥哥的孩子过来她家里住3个月，想着把孩子这些不好的习惯改了。

接下来的这3个月，朋友用心地对孩子进行观察，然后一项项去帮助孩子调整过来。关于迟到方面，朋友发现，这个孩子走路确实慢吞吞的，就算早上及时地送孩子到了校门口，但从校门口往教室走的这一段路，这个孩子就是比一般的同学慢，于是，朋友就想，既然走得慢，那就每天提早15分钟把他送到学校，这样，这个孩子就不再迟到了。朋友又观察发现，这个孩子个性比较大大咧咧，也没什么心事，就算没有完成作业，也不难受，他睡眠不好其实是缺少运动导致的。于是，每天下午去学校接到这个孩子之后，我这位朋友也不是立即带着他回家，而是带着他去运动。果然，每天运动下来，孩子晚上一上床就呼呼大睡。作业方面，是我这个朋友花了最大力气的地方，朋友规定这个孩子：每天晚上10点前必须睡觉，如果没有写完作业也不给他写了。一开始，这个孩子确实没有办法写完作业。后来，朋友鼓励这个孩子：只要他每天比前一天多完成一点作业、每天进步一点就行。朋友不断地鼓励他，经过一个月，孩子的作业竟然也能全部完成了。这期间，我这位朋友从没有对孩子有过责骂或是不耐烦。接下来的日子，孩子的各项习惯都很好，上学不迟到，作业能完成，晚上睡眠好。于是，她把一个养成了好习惯的孩子交回给哥哥家里。

可是，孩子在回到他自己的家里后，这些好习惯仅仅保持了一个星期的。一个星期之后，孩子又回到了原来的状态：上学经常迟到，作业没有办法完成，晚上又总是很晚睡，早上又是很晚起。朋友这时纳闷了，怎么孩子又打回原形了？

后来，她了解到，原来她的嫂子——孩子的妈妈每天都晚睡晚起（因为是全职太太，不用赶上班，学校离家里又比较近，她也就不愿意送，每天让孩子自己上下学），她白天和晚上的空闲时间全都用来打牌，完全没有顾及孩子。她的哥哥工作又比较忙，也没有时间管孩子。最后，我这个朋友不得不感叹："家庭对一个孩子的影响真是太大了！"

从以上这个事例，我们可以看到，一个孩子在不同家庭环境中的表现是完全不同的。上面这位只顾玩乐、对孩子的生活和学习不愿关注的妈妈，可以说是给了孩子一个"坏的榜样"，给了孩子一个不利于成长的环境。

有些父母会持这样的想法：自家的那个孩子"就不是一个好孩子"。如果觉得孩子不是好孩子，请先不要急着一味地怪罪孩子，而是要去看看作为孩子成长最重要的环境——家庭到底是否提供了利于孩子成长的养分。

我接待过这样一名抑郁症患者：他的父亲是律师，母亲是一位技校的教师。大家都知道，有很多的教师都把自己的孩子教育得很优秀，但也有少数教师对孩子用错了方法，以致阻碍了孩子的成长。这位母亲就是这少数中的一位，她因为害怕自己的孩子像那些很差的学生那样，于是，她为了"防患于未然"，总是去抓孩子哪些地方没有做好，一发现苗头就要孩子改正。

孩子在被妈妈像"警察抓小偷"般紧盯下，整天变得紧张兮兮，又因为母亲经常指责他做错了就是不应该、就不是好孩子了，于是，这个孩子内在价值感就非常低，就觉得自己没有存在的价值。况且，他还有一个比母亲更严厉的父亲，父亲对待他的说话方式，就像对待法庭上有破绽的对方当事人一样、咄咄逼人、专挑漏洞……这样的家庭环境，换哪个孩子恐怕都会抑郁。

家庭就是孩子成长的土壤，如何让土壤变得优良而非劣质呢？有以下的一些做法和说法可以参考：

1. 以快乐为纲。在家庭里尽量分享开心快乐的事情，只要身边遇到一些小小的开心的事情，都去跟孩子、跟家人分享；经常微笑，与孩子沟通尽量面带微笑；每天早上起床，以快乐的心情迎接新的一天。告诉自己和孩子，开心美好的一天要开启了……

2. 积极自信。父母不管自身遇到什么事情，总是积极乐观地面对；同样，面对孩子遇到的事情，也积极乐观地面对。

3. 以身作则，做孩子的好榜样。

4. 不要吝惜爱的表达。父母之间，亲子之间经常表达爱，这样，孩子自然会沐浴到爱的光芒，感受到爱的温暖。

5. 父母之间相互有一个好的情绪状态，不吵架、不打架。不要让孩子感觉生活在阴云密布之下，而应该让孩子感觉生活在晴空万里、风和日丽的环境之中。

6. 父母还可以经常对孩子说下面的这几句话，为孩子赋能。

我对你很有信心。（这句话会给到孩子满满的自信心，孩子会感受到被支持和被信任，孩子内在会充满力量。）

你值得为自己感到高兴。（这句话会让孩子明白，努力之后是可以享受成功的喜悦的，他值得拥有这些美好的体验。这样会让孩子内在有良好的自我价值感和配得感。）

做错了没有关系，可以重新来过。（这句话会让孩子拥有良好的抗挫折能力，孩子因此不会觉得做错了或是失败了就是可耻的事情，做错了修正过来就可以。这会让孩子勇于面对挑战。）

办法总比困难多。（这句话会让孩子明白，面对困难应该去思考解决的办法，而不是萎靡不振。）

你很有创造力。（这句话会让孩子具有开拓和创新精神。）

你很有爱心，你很积极向上。（这句话可以塑造孩子良好的品格。当父母这样做和这样说时，家庭就不会成为令孩子痛苦的地方；当父母这样做和这样说时，家庭就会成为孩子成长的肥沃土壤。）